Judith Watschinger

Das KINDERGARTEN-BASTELBUCH

Kreatives Gestalten mit Kindern ab 3 Jahren

Inhalt

7 Kreativer Bastelspaß
8 Allgemeine Tipps zum Basteln
9 Die Bastelkiste

10 Kunterbunte Bastelkiste
12 Becher-Giraffe
14 Klapperschlange
16 Theaterpuppen
18 Puppenhäuschen
20 Türschild
22 Geburtstagsclown
24 Lesezeichen
26 Sammelmappe
28 Indianer-Zeichenmappe
30 Sorgenfresser
32 Schmuckpuppe
34 Pantoffelbewacher
36 Krachmacher

38 Zum Fühlen, Hören, Riechen, Tasten und Sehen
40 Kitzeliger Kitzelfritz
42 Klimper-Rassel
44 Schnecken-Memory
46 Tast-Socken
48 Monsterdinner
50 Fotoapparat
52 Glücksschwein-Bingo

54 Sammelstücke aus der Natur
56 Schmetterling
58 Schildkröten
60 Bilderrahmen
62 Selbstbildnis
64 Buchstabensalat
66 Waldelf
68 Rindenschloss
70 Holz-Eule
72 Schnecken-Gang
74 Naturbursche
76 Blumengesteck
78 Schatzkiste

80 Bastel-Ideen rund ums Jahr
82 Faschingsgesellen
84 Regenbogenscheit
86 Löffel-Ostereier
88 Blumentopfduo
90 Schwimmbadkerlchen
92 Brieffrosch
94 Blumenstecker
96 Pustebaum
98 Kürbiskopflicht
100 Sankt-Martinspferd
102 Schneebäume
104 Engelchen
106 Weihnachtsmann

108 Impressum

Kreativer Bastelspaß

Kindern macht es viel Spaß, Dinge auszuprobieren und selbst zu gestalten. Dabei entfalten sie ihre Potenziale und wachsen über sich hinaus. Beim Basteln machen Kinder viele wertvolle Erfahrungen: Sie trainieren ihr Vorstellungsvermögen, ihre Konzentrationsfähigkeit und ihre Ausdauer. Die Fein- und die Grobmotorik werden gefördert, genauso wie die Augen-Hand-Koordination. Kinder erleben verschiedene Sinneseindrücke. Sie nehmen sich als selbstwirksam wahr. Das Gefühl „Ich kann es" oder „Ich kann Spuren hinterlassen" ermuntern zu weiterem Tun. Kinder begeben sich auf immer neue Entdeckungsreisen. Sie öffnen sich selbst Türen zur eigenen Kreativität und Fantasie.

Jedes Kind ist einzigartig und entwickelt sein eigenes „Bastelwerk". Aus diesem Grund wird in diesem Buch bewusst auf Vorlagen und genaue Maßangaben verzichtet. Die Bastel-Ideen sind als Anregungen gedacht und sollen die Kinder zum Selbertun ermuntern. Kinder lassen sich von anregenden Umwelten begeistern: Sie experimentieren, wollen Neues herausfinden, Erfahrungen machen und eigene Ideen entwickeln. Deshalb ist es empfehlenswert, vielfältige Materiallandschaften bereitzustellen, die die Kinder einladen, ihre ganz eigenen Projekte umzusetzen. Aus dem Spiel heraus entwickelt sich der Wille, etwas zu gestalten – und plötzlich werkelt das Kind mit voller Konzentration. Das Kind gibt sich der Sache hin und geht regelrecht in ihr auf. Zeit und Raum sind dafür wichtige Rahmenbedingungen.

Die im Buch vorgestellten Ideen ermöglichen es Kindern, Materialerfahrungen zu sammeln und sich mit verschiedenen Werkzeugen und Techniken vertraut zu machen. Daraus entwickelt sich dann allmählich ein „Grundkönnen", das Kinder in der Umsetzung eigener Ideen nutzen können.

Ich wünsche Ihnen und Ihren Kindern oder Ihrer Kindergruppe viel Spaß und Freude mit diesem Buch!

Allgemeine Tipps zum Basteln

- Die Kinder sollten beim Basteln genügend Platz zur Verfügung haben, um beim Werken nicht eingeschränkt zu sein. Normalerweise basteln Kinder an Tischen, aber warum nicht einmal zur Abwechslung den Boden in eine kleine Bastellandschaft verwandeln? Mit einer alten Plastiktischdecke oder Zeitungen die Arbeitsfläche abdecken. Wenn es das Wetter erlaubt, kann man ein kleines Freilichtatelier draußen aufbauen. Die Materialien und Hilfsmittel in einen großen Korb legen und nach draußen bringen.

- Leise Musik im Hintergrund kann beruhigend wirken und schafft eine angenehme Atmosphäre.

- Alte T-Shirts oder Hemden von Erwachsenen stellen ideale Malschürzen dar. Wer möchte, kann diese natürlich noch verschönern, z.B. bedrucken oder einfach mit wasserfester Bastelfarbe bemalen.

- Gemeinsam mit den Kindern kann ein Materialien-Tisch vorbereitet werden, auf den die Materialien ausgebreitet werden. Jedes Kind wählt dann anschließend seine Materialien aus, legt sie auf einen Pappteller und bringt sie dann an seinen Arbeitsplatz.

- Basteln kann ganz schön müde machen. Deshalb ist es wichtig, kleine Pausen einzuplanen, z.B. eine Lockerungsübung durchführen, etwas spazieren gehen oder ein Spiel spielen, sodass die Kinder auf andere Gedanken kommen und sich dann wieder auf das Weiterbasteln freuen können.

- Mithilfe eines Föhns können Klebstoffe oder Farben schneller getrocknet werden.

- Eierboxen aus Plastik sind wunderbare Farbmischanlagen: Einfach verschiedene Farben in die Mulden geben und miteinander vermischen. Die Mulden sind leicht auswaschbar.

- Die Pinsel nach dem Malen auswaschen oder mit einem Mallappen abputzen und mit dem Stiel in ein Wasserglas stellen, sodass die Borsten trocknen können.

- Bunte Tonpapier- oder Motivpapierreste nicht wegwerfen, sondern in kleine Quadrate und Dreiecke schneiden und in einem leeren Marmeladenglas aufbewahren; die Papierschnipsel können dann beim Basteln verwendet werden, z.B. zum Gestalten von Farbkollagen.

- Kinder sind stolz auf ihre gebastelten Werke und wollen, dass sie gesehen werden. Die Bastelarbeiten am besten in der Wohnung oder im Kindergarten an einem schönen Platz präsentieren oder Fotoalben mit besonders gelungenen Werken anfertigen.

- Die Bastel-Ideen auf Alter, Interessen und Fähigkeiten der Kinder abstimmen und entsprechend einfacher oder schwieriger gestalten. Kleineren Kindern verschiedene Hilfestellungen (z.B. Schablonen, Prickelnadel usw.) anbieten, älteren Kindern hingegen können weiterführende Ideen ausprobieren.

- Am besten den Kindern zu Beginn die Anleitungen und die kurzen, einführenden Texte/Geschichten laut vorlesen, dann können sie sich gut auf die Bastelarbeiten einstimmen.

Die Bastelkiste

Materialien zum Basteln können die Kinder in einer Kiste sammeln, dann haben sie sie immer griffbereit. Um in der Bastelkiste Ordnung zu halten, am besten kleine Behälter (z. B. leere Schachteln oder Becher) hineinstellen.

Alltagsmaterialien

Marmeladengläser, verschiedene Behälter aus Plastik oder Glas, Joghurtbecher, Korken, Kartonschachteln in verschiedenen Größen, Eierkarton, Strohhalme, Milchtüten, Käseschachteln, Pappteller, Kaffeefilter, Kaffeekapseln, Pizzaverpackungskartons, Blumentöpfe, alte Zeitungen.

Aus dem Bastelladen

Tonpapier, Motivpapier, Transparentpapier, Wellpappe, Federn, Wackelaugen, bunte Holzperlen, Schnur, Pfeifenreiniger, Holzklammern, Holzlöffel, Glöckchen, Wolle, Watte, Stoffreste, dünne Holzstäbchen (Schaschlikspieße), Moosgummi, Knöpfe, Blumendraht.

Naturmaterialien

Steine in verschiedenen Größen, Äste, Baumzapfen, Baummoos, Sand, Wurzeln, Holzscheite, getrocknete Hülsenfrüchte und Samen.

Hilfsmittel

Bleistift, Bastelfarben, Wasserfarben, Buntstifte, dünner, schwarzer Stift, Bastelkleber, Klebestreifen, Heißklebepistole (nur für Erwachsene!), Schere, Prickelnadel, Bleistiftanspitzer, Pinsel, Stofflappen, Plastik-Eierbehälter.

Kunterbunte BASTELKISTE

Hier findest du eine SchatzKiste voller Ideen, die dich anregen, Dinge auszuprobieren. Mit alltäglichen Materialien kannst du im Nu kleine Meisterstücke zaubern. Lass dich entführen und setze dich auf die Flügel deiner Fantasie!

Pädagogische Hinweise

Dieses Kapitel enthält einige Anregungen, die die Kreativität der Kinder aktivieren. Die Bastel-Ideen sind leicht umsetzbar und sollen zum Weiterdenken ermuntern. Wie könnte das Kleid der Schmuckpuppe anders gestaltet werden? Welche weitere Trinkjoghurt-Theaterfigur fehlt noch für eine Vorstellung? Mit welchen weiteren Techniken können tolle Sorgenfresser realisiert werden? Die Kinder sollen ermutigt werden, ihre individuellen Werke zu realisieren; dies fördert ihr Vorstellungsvermögen und ihre Planungskompetenz.

Anregende Umgebungen unterstützen die Kinder dabei, ihre eigenen Ideen zu entwickeln und zu gestalten. Einige Bastel-Ideen greifen die kindlichen Spielinteressen auf, wie etwa das Puppen- oder Theaterspielen; dies eröffnet Räume der eigenen Fantasie. Andere Bastel-Ideen hingegen haben einen Alltagsnutzen. Wenn der Krachmacher „tanzt", gibt es eine Ansage; wenn die Kinder die Pantoffel ausziehen, werden diese mit ihrer ganz persönlichen Pantoffelzange zusammengeknipst ...

Becher-Giraffe

Kein anderes lebendes Tier ist größer als eine Giraffe. Ihr Hals kann bis zu 2,5 Meter lang werden. Normalerweise leben Giraffen in den Steppen und Savannen Mittel- und Südafrikas. Mit der folgenden Bastelanleitung werden Giraffen nun auch bald bei euch im Wohnzimmer heimisch werden.

Das brauchen wir

vier Joghurtbecher • brauner Moosgummibogen • kleine Schachtel aus festem Karton • hellbraunes Papier • drei Weinkorken

Hilfsmittel

gelbe Bastelfarbe • Pinsel • Schere • dünner, schwarzer Stift • Bastelkleber

So wird's gemacht

1 Male die Joghurtbecher und die Schachtel gelb an. Aus dem Moosgummibogen schneidest du Flecken in unterschiedlichen Größen aus.

2 Jetzt klebst du die Flecken auf die Joghurtbecher und die Schachtel. Nimm den ersten Joghurtbecher und klebe ihn umgedreht in die Mitte der Schachtel. Klebe nun einen Weinkorken auf den Joghurtbecher. Auf den Weinkorken gibst du etwas Kleber und stellst den nächsten Joghurtbecher darauf. Dasselbe wiederholst du mit den weiteren Joghurtbechern und Korken.

3 Schneide aus dem hellbraunen Papier eine ovale Form für die Schnauze und zwei kleine Ohren aus. Nimm nochmals den Moosgummibogen zur Hand und schneide zwei kleine Hörner aus. Klebe nun die ausgeschnittenen Teile auf den richtigen Platz. Nimm den schwarzen Stift und male der Giraffe Augen und Nasenlöcher auf.

Weitere Idee (Kindergruppe)

Mit den Kindern ein Bilderbuch anschauen, in dem verschiedene Tiere abgebildet sind. Danach dürfen die Kinder die verschiedenen Tiere nachbasteln. Zum Schluss wird den Kindern die Geschichte vorgelesen und jedes Kind darf sein Tier, sobald es in der Geschichte vorkommt, in die Mitte des Kreises stellen.

Klapperschlange

„SsssSssss“... Oh ... Nanu? Wer schlängelt sich da so schnell vorbei? Und macht dabei so schöne Klappergeräusche? Darf ich vorstellen: eine einfache, schnell gemachte und lustige Kaffeekapsel-Schlange.

Das brauchen wir

ca. 20 leere Kaffeekapseln (am besten aus Aluminium) • ca. 20 Holzperlen • eine kleine schwarze Perle • Wackelaugen • Schnur

Hilfsmittel

Zahnstocher (zum Löcherbohren) • Schere • Bastelkleber

So wird's gemacht

1 Bohre mit einem Zahnstocher Löcher in die Böden der Kaffeekapseln (oder ein Erwachsener bohrt die Löcher mit einer spitzen Schere).

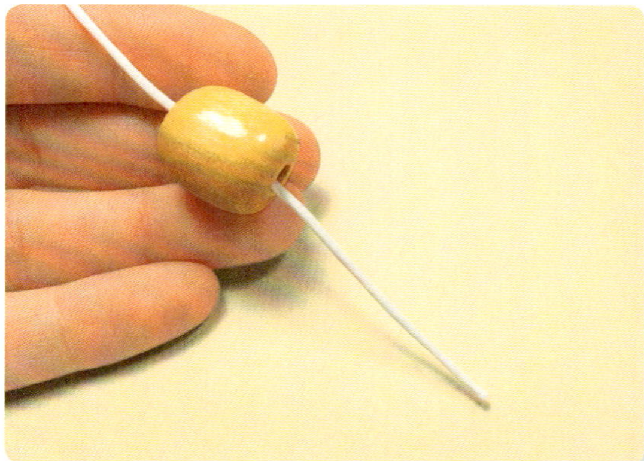

2 Knüpfe in ein Ende der Schnur einen Knoten und fädle eine kleine schwarze Perle auf.

3 Fädle nun immer abwechselnd eine Kaffeekapsel und eine Holzperle auf.

4 Mach so weiter, bis alle Kaffeekapseln aufgefädelt sind.

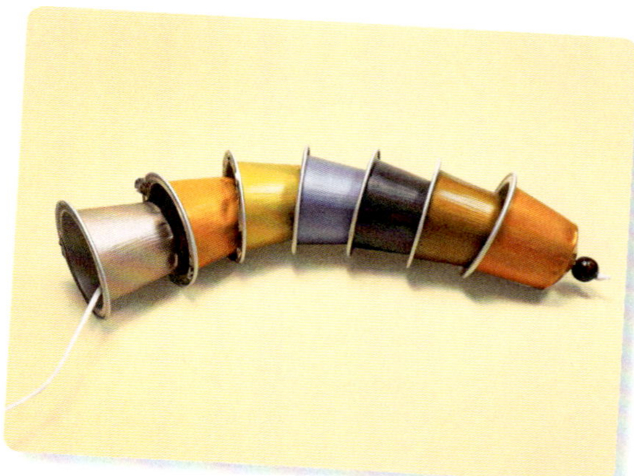

5 Zum Schluss fädelst du noch drei Holzperlen auf und verknotest das Ende der Schnur.

6 Klebe vorne auf den Kopf der Schlange noch zwei Wackelaugen auf.

Spiel-Ideen (Kindergruppe)

- **Wo klappert's da?**: Alle Kinder sitzen im Kreis und schließen die Augen. Nun wird ein Kind ausgewählt (antippen), das die Kaffeekapsel-Schlange irgendwo im Raum verstecken darf. Hat es das ideale Versteck gefunden, lässt es die Schlange über den Boden schlängeln und macht Klappergeräusche. Die Kinder im Kreis müssen aufmerksam zuhören, woher die Geräusche der Schlange kommen und in die richtige Richtung zeigen.
- **Die Wanderschlange**: Alle Kinder sitzen oder stehen im Kreis. Ein Kind ist in der Mitte. Die Kinder im Kreis geben hinter ihren Rücken die Schlange weiter und singen dabei ein Lied. Sobald die Kinder aufhören zu singen, wird die Schlange nicht mehr weitergegeben. Das Kind in der Mitte muss erraten, bei welchem Kind die Schlange gerade hinter dem Rücken ist.

Theaterpuppen

Von Fingerpuppen über Marionetten bis hin zu Sockenpuppen: Verschiedenste Puppentheater gibt es bereits seit vielen, vielen Jahren. Heute haben wir eine ganz besondere Vorstellung geplant. Vorhang auf und Bühne frei für die kunterbunten Trinkjoghurtfläschchen-Theaterfiguren.

Das brauchen wir

Trinkjoghurtfläschchen • Tonpapier • farbige Federn • Wackelaugen • Holzstäbchen

Hilfsmittel

Bastelfarbe • Bastelkleber • Schere • dünner, schwarzer Stift

So wird's gemacht

1 Die Trinkjoghurtfläschchen mit Bastelfarbe bunt (Paradiesvogel) oder grau (Katze) anmalen und trocknen lassen.

2 Für den Paradiesvogel aus orangefarbenem Tonpapier einen Schnabel ausschneiden. Den Schnabel, zwei Wackelaugen und bunte Federn auf die Trinkjoghurtflasche kleben.

3 Für die Katze aus Tonpapier zwei Ohren und eine Nase ausschneiden und aufkleben. Dann klebst du die Wackelaugen auf und malst der Katze einen Mund und Schnurrhaare auf.

4 Nun vorsichtig mit einer Schere jeweils ein Loch in die Flaschenböden der beiden Theaterfiguren stechen; anschließend jeweils ein Holzstäbchen in die Löcher drücken und mit etwas Bastelkleber befestigen.

Weitere Ideen

- Wie könnten eine Trinkjoghurtfläschchen-Kuh, ein Trinkjoghurtfläschchen-Schmetterling oder ein Trinkjoghurtfläschchen-Dinosaurier aussehen? Und wie sieht es mit Menschen aus? Die Kinder können leere Trinkjoghurtfläschchen nach ihren Wünschen gestalten. Vielleicht kann ein kleines Trinkjoghurtbechertheater für die Eltern oder andere Kinder organisiert werden?
- Auch aus Klopapierrollen können tolle Theaterfiguren hergestellt werden. Dafür einfach die Klopapierrollen bunt anmalen und sie mit verschiedenen Materialien (Tonpapierstückchen, Wolle, Watte) bekleben. Zum Schluss an der Innenseite der Klopapierrolle ein Holzstäbchen festkleben.

Puppenhäuschen

Ist euch das schon mal passiert? Ihr seid gerade beim Spielen und dann ruft Mama ganz laut: „Mach schnell, wir müssen gehen!" Und wenn Mama etwas sagt, muss man natürlich gleich alles stehen und liegen lassen und auch das schönste Spiel einfach so unterbrechen. Mit dem tragbaren Puppenhäuschen ist dies kein Problem mehr. Im Handumdrehen können die Püppchen in ihrem Haus verstaut und überall hin mitgenommen werden.

Das brauchen wir

mehrere Weinkorken • kleine Schachtel • Papier- und Stoffreste • Wolle • Filz und ähnliches Material • farbige Servietten

Hilfsmittel

Bastelkleber • Bastelfarbe • Schere • dünner, schwarzer Stift • Buntstifte

So wird's gemacht

1 Male die Korken (= Grundform für die Püppchen) mit unterschiedlichen Hautfarben an. Verpass allen Püppchen ein tolles Outfit: einfach die Papier- und Stoffreste zu Kleidungsstücken umgestalten und aufkleben. Für jedes Püppchen fertigst du noch eine Haarpracht an und malst ein Gesicht auf.

2 Mit Bastelfarben malst du ein Haus mit Dach, Fenster und Türen auf den Deckel der Schachtel. Lass alles trocknen und male Einzelheiten mit den Buntstiften auf.

3 Den Boden der Schachtel streichst du grün an.

Sobald alles trocken ist, können die Püppchen auf der grünen Wiese spielen, im Haus schlafen und mit einer Bettdecke (Serviette) zugedeckt werden. Aber das Wichtigste: dich auf Schritt und Tritt begleiten und immer bereit sein, gemeinsam zu spielen.

Weitere Ideen

- Wer mag, kann noch weiteres Zubehör für die Püppchen basteln: Da die Püppchen vielleicht Hunger haben, könntest du verschiedene Lebensmittel aus Salzteig oder Karton herstellen. Und da auch kleine Püppchen gerne spielen, würde sie sich bestimmt über kleine, extra für sie angefertigte Spielsachen freuen. Was könnten kleine Püppchen denn vielleicht noch gebrauchen?
- Statt der Korken als Grundfigur kannst du auch hervorragend Erdnüsse oder Lippenbalsam-Hüllen zu kleinen Püppchen verwandeln.

Türschild

Damit jeder weiß, welche Familie hinter dieser Tür wohnt, basteln wir ein kreatives Türschild aus einem alten Buch, etwas Zeitungspapier und einer Schnur, frei nach dem Motto: Aus Alt mach Neu. Das ist ganz einfach und sieht toll aus!

Das brauchen wir

altes Buch • Schnur (ca. 1,20 m) • Perlen • Zeitungspapier • weißes Papier

Hilfsmittel

Bastelkleber • Klebestreifen • Schere • Pinsel • Bleistift • Buntstifte

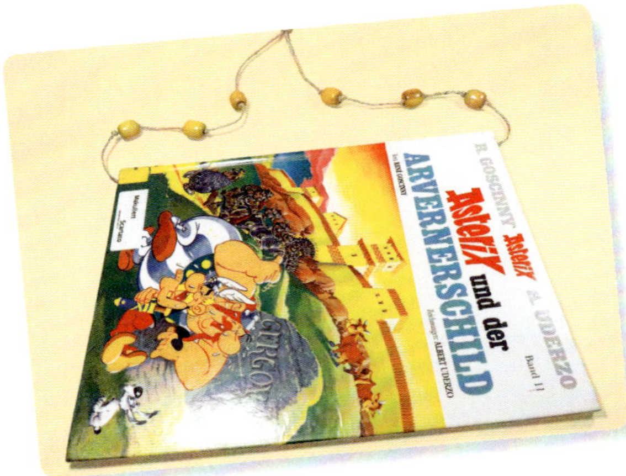

So wird's gemacht

1 Öffne das Buch, lege die Mitte der Schnur (ca. 60 cm) hinein und schließe das Buch wieder. Die Buchseiten zusammenkleben, am besten mithilfe von Klebestreifen. Auf beide Enden der Schnur fädelst du Perlen auf und setzt nach jeder Perle einen Knoten, damit die Perlen nicht verrutschen. Knote anschließend die beiden Enden zusammen.

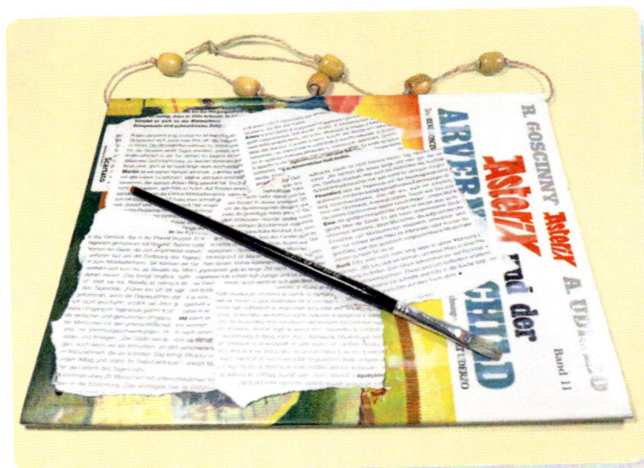

2 Gib etwas Bastelkleber auf die Vorderseite des Buches und verstreiche ihn mit einem Pinsel. Reiße das Zeitungspapier in kleine Stücke und lege sie auf das Buch. Eventuell kannst du nochmals mit einem Pinsel und etwas Kleber darüberstreichen.

3 Zeichne nun auf einem weißen Blatt Papier deine Familie und male sie mit Buntstiften an. Schneide alle Personen aus und klebe sie auf den Zeitungspapierhintergrund. Du kannst dann noch eure Vornamen oder euren Nachnamen auf ein weißes Papierstück schreiben und auf dem Schild ergänzen.

Variante

Wer mag, kann es sich etwas einfacher machen und Fotos der einzelnen Familienmitglieder verwenden: Die Köpfe der einzelnen Personen ausschneiden, auf ein weißes Stück Papier kleben und nur den Körper dazuzeichnen. Alles ausschneiden und auf dem Zeitungshintergrund anbringen. Wie das wohl aussieht?

Geburtstagsclown

Einmal im Jahr ist es soweit: Der Geburtstag steht vor der Tür. Leckerer Geburtstagskuchen, herzliche Glückwünsche und lustige Partyspiele stehen da meist auf dem Programm. Was nicht fehlen darf, ist eine selbstgemachte, kunterbunte Glückwunschkarte – mit viel Liebe gemacht.

Das brauchen wir

Tonpapierkarte • farbiges Tonpapier • Strohhalme • Schnur • rote Holzperle • ev. Konfetti oder Streuteile

Hilfsmittel

Schere • Bastelkleber • schwarzer, dünner Stift

So wird's gemacht

1 Schneide aus buntem Tonpapier die Teile des Clownkopfes (Gesicht, zwei bunte Haarbüschel und einen Hut) aus. Klebe diese dann mit Bastelkleber auf eine Tonpapierkarte. Zeichne ein Gesicht auf und klebe eine rote Holzperle als Nase auf. Streiche unterhalb des Kopfes etwas Bastelkleber auf die Karte.

2 Schneide die Strohhalme in kleine Stückchen und lege diese Stückchen dann auf den Bastelkleber, sodass der Clown einen lustigen Strohalmbauch bekommt.

3 Lege aus Schnur eine Schleife und klebe sie auf den Strohhalmbauch. Klebe buntes Konfetti oder Streuteile auf den Hintergrund.

Varianten

- Wer mag, kann den Clown auch zeichnen und mit Buntstiften ausmalen. Der Strohhalmbauch darf aber dort auch nicht fehlen.
- Wer die Strohhalme waagrecht anordnet, kann daraus eine tolle Geburtstagstorte gestalten.

Lesezeichen

Es gibt so viele wunderschöne, spannende Bücher, in denen man stundenlang schmökern könnte. Wir basteln nun ein lustiges Lesezeichen, das auf dein Lieblingsbuch gut aufpasst, wenn es gerade nicht bei dir ist. Außerdem zeigt es dir genau an, wo du das letzte Mal mit dem Lesen aufgehört hast.

Das brauchen wir

farbiges Tonpapier • fester Karton • Strohhalm • Schnur (ca. 70 cm) • Holzperlen • Verschluss (z. B. von Jacken und Pullis)

Hilfsmittel

Schere • Bastelkleber • Bleistift • dünner, schwarzer Stift

So wird's gemacht

1 Zeichne die einzelnen Teile für den Kopf auf Tonpapier auf und schneide sie aus. Klebe die Einzelteile auf einen festen Karton und schneide den Kopf entlang der Außenkonturen aus. Nimm den schwarzen Stift und male Augen, Nase und Mund auf.

2 Drehe den Kopf um und klebe mit Bastelkleber ein Stück Strohhalm auf die Rückseite. Gut trocknen lassen.

3 Führe nun die Schnur durch den Strohhalm und fädle rechts und links davon bunte Holzperlen auf, die du mit Knoten befestigst. Stecke die beiden Enden der Schnur durch den Verschluss. Der Verschluss ermöglicht es dir, das Lesezeichen auf die unterschiedlichen Größen der Bilderbücher anzupassen. Setze zum Abschluss in beide Enden einen Knoten.

Variante für jüngere Kinder

Aus festem Karton einen Kreis (= Kopf) ausschneiden. Gestalte nun mit farbigen Perlen und geknüllten Papierstücken ein Gesicht. Lass den Klebstoff gut trocknen und gehe dann weiter vor, wie unter Punkt 2 und Punkt 3 beschrieben. Du kannst auch das Gesicht einfach nur mit farbigen Stiften bemalen.

Sammelmappe

In einer Sammelmappe (im Kindergarten auch Portfoliomappe genannt) werden verschiedene Dinge gesammelt: deine Lieblingslieder, tolle Zeichnungen, verschiedene Fotos und in der Kindergartenmappe auch ein wenig „Kritzelkram" von den Erwachsenen. Das Besondere an dieser Mappe sind die selbstgemalten Bilder von dir: Jedes Jahr fertigst du eine Zeichnung von dir an …

Das brauchen wir

Sammelmappe • Packpapier • weißes Papier • verschiedene Sachen zum Aufkleben (z. B. getrocknete Hülsenfrüchte, Strohhalme, Papierstückchen usw.)

Hilfsmittel

Schere • Bastelkleber • Klebestreifen • Bleistift • Buntstifte

So wird's gemacht

1 Die Sammelmappe mit Packpapier einbinden, dabei sollte dir ein Erwachsener helfen. Zeichne jetzt auf einem weißen Papier dich selbst. Male die Zeichnung mit Buntstiften an. Klebe nun das Bild auf die linke Seite der Mappe.

2 Gestalte nun den Rand deines Bildes: Du kannst beispielsweise farbige Strohhalme, getrocknete Hülsenfrüchte oder Papierschnipsel aufkleben.

3 Im nächsten Jahr zeichnest du dich wieder selbst; nimm dafür genauso ein großes Stück Papier wie beim ersten Mal. Klebe diese Zeichnung neben das erste Bild und gestalte wieder den Rand mit farbigen Materialien. So kannst du jedes Jahr eine neue Zeichnung hinzufügen.

Weitere Ideen

Einen Notizplaner für Papa? Ein Wandernotizbuch für Mama? Oder ein Rezeptbuch für Oma? Kein Problem! Mit dieser Technik kannst du auch Notizbücher und Hefte schön gestalten und dann als Geschenk überreichen. Dafür ein Papierheftchen mit Packpapier einbinden. Die Person, die du beschenken willst, malst du auf ein Stück Papier und malst die Zeichnung mit Buntstiften aus. Die Zeichnung dann auf das Heftchen kleben und den Rand bunt gestalten.

Indianer-Zeichenmappe

Wohin mit all den großen und kleinen Zeichnungen, die du im Kindergarten oder zu Hause angefertigt hast? Wie wäre es mit einer schönen Indianer-Zeichenmappe, die mit farbigen Federn, Perlen und einem lachenden Gesicht verziert ist?

Das brauchen wir

zwei gleichgroße Bogen Tonpapier • Wellpappe • Schnur • bunte Federn • bunte Holzperlen • Wackelaugen

Hilfsmittel

Schere • Bastelkleber • Locher • dünner, schwarzer Stift • Buntstifte

So wird's gemacht

1 Lege die beiden Tonpapierbogen genau übereinander. Nimm den Locher und stanze in gleichmäßigen Abständen Löcher entlang der beiden kurzen und einer langen Seite. Auf der anderen langen Seite, wo nachher die Henkel befestigt werden sollen, stanzt du nur zwei Löcher (etwa in der Mitte).

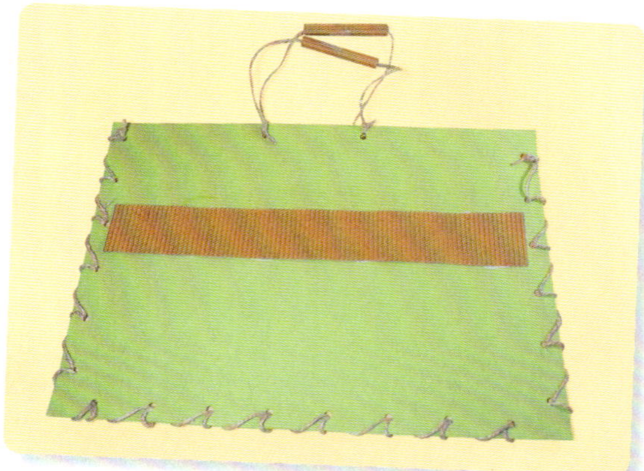

2 Fädle nun die Schnur durch die gestanzten Löcher, sodass die beiden Tonpapierbogen zusammengebunden werden und eine Mappe entsteht. Öffne die Mappe und fädle am oberen Rand eines Tonpapiers eine Schnur (ca. 40 cm) für den Henkel ein. Bestreiche die Innenseite von einem rechteckigen Wellpappestück mit Bastelkleber und wickle es um die Mitte des Henkels. Wiederhole diesen Schritt auch beim zweiten Tonpapierbogen.

3 Schneide aus Wellpappe einen Streifen aus, und klebe ihn in die obere Hälfte der Mappe.

4 Stecke nun bunte Federn in die kleinen Öffnungen der Wellpappe und klebe die Holzperlen auf. Klebe die Wackelaugen an die richtige Stelle. Zeichne eine Nase und einen Mund auf. Zum Schluss malst du mit Buntstiften noch einige farbige Streifen in das Indianergesicht.

Weitere Idee

Kopfschmuck aus Wellpappe: Wellpappstreifen auf die richtige Größe zuschneiden (Umfang des Kopfes vorher messen!) und eventuell mit Bastelfarbe anmalen. Je nach Kopfgröße des Kindes die Streifen zusammenklammern. Bei Ausflügen können die Kinder beispielsweise Blumen und Gräser sammeln und diese in die Öffnungen der Wellpappe stecken. Bei einem Indianerfest können (wie oben) bunte Federn reingesteckt werden.

Sorgenfresser

Sorgen können die Großen, aber natürlich auch die Kleinen haben. Gut, dass es Sorgenfresser gibt, deren Lieblingsessen „Sorgen" sind und diese im Nullkommanichts verzehren. Dafür ganz einfach den Sorgenfresser aufschrauben, die Sorgen reinflüstern, zuschrauben und dem Sorgenfresser einen guten Appetit wünschen.

Das brauchen wir

Schraubglas • verschiedenfarbige Wollfäden • Wackelaugen • weißes Papier

Hilfsmittel

Bastelkleber • Schere • dünner, schwarzer Stift

So wird's gemacht

1 Bestreiche das Schraubglas mit Bastelkleber und beginne, es mit Wolle zu umwickeln. Wickle so lange weiter, bis das ganze Glas bedeckt ist. Wer mag, kann auch zwischendurch Wollfäden in einer anderen Farbe verwenden.

2 Knülle verschiedene Wollfäden zusammen und klebe sie mit Bastelkleber auf den Deckel.

3 Klebe anschließend Wackelaugen auf den Rand des Deckels. Zeichne einen gefährlich aussehenden Mund auf weißes Papier, schneide den Mund aus und klebe ihn auf das Schraubglas.

Variante für ältere Kinder

Das Schraubglas kannst auch ganz einfach mit Pappmachee überziehen: Hierfür Zeitungspapier in kleine Stückchen reißen und Tapetenkleister anrühren. Das ganze Glas mit Zeitungspapierstückchen und Kleister überziehen und trocknen lassen. Als Haare kannst du Sisal-Wolle und für die Augen runde Steinchen verwenden. Klebe dann dem Sorgenfresser einen Mund aufs Gesicht. Der Sorgenfresser wird farbenfroh, wenn du ihm einige bunte Holzperlen auf den Körper klebst.

Schmuckpuppe

Liebst du bunte Armbänder, lustige Haargummis oder glitzernde Halskettchen? Wenn ja, ist diese Schmuckpuppe dein idealer „Schmuckverwalter" für zu Hause. Du musst nie wieder deinen Schmuck suchen und hast alles griffbereit!

Das brauchen wir

fester Karton • bunte Holzperlen • Spitzenband • gelbes und hautfarbenes Tonpapier • zwei Holzstäbchen • Glasflasche • Buntstifte

Hilfsmittel

Bastelkleber • dünner, schwarzer Filzstift • Spitzer

So wird's gemacht

1 Schneide aus festem Karton das Kleid für deine Schmuckpuppe aus. Spitze die Buntstifte an und klebe den Spitzabfall in kleinen Kreisen auf das Kartonkleid. In jeden Kreis klebst du eine Perle, damit lauter Spitzabfallblumen entstehen. Klebe am oberen und unteren Rand ein Stück Spitzenband an, sodass das Kleid besonders edel aussieht.

2 Zeichne auf hautfarbenes Tonpapier einen Kreis für den Kopf auf und schneide ihn aus. Du kannst den Kreis später auch noch auf festen Karton kleben, damit er richtig stabil ist. Nimm einen schwarzen Stift und male ein Gesicht auf den Kreis. Reiße das gelbe Tonpapier in lauter kleine Stückchen, knülle diese zusammen und klebe sie als Haare auf den Puppenkopf.

3 Schneide aus festem Karton einen schmalen Streifen ab. Drehe das Kleid und den Kopf um und klebe den Streifen auf deren Rückseite fest, um beide Teile miteinander zu verbinden. Klebe nun die fertige Puppe auf die Glasflasche. Zum Schluss befestigst du noch rechts und links die Holzstäbchen auf der Rückseite des Kleides – am besten mit Bastelkleber.

Variante

Schmuckprinzessin: Das Kleid der Schmuckprinzessin in verschiedene Streifen einteilen. Jeden Streifen beklebst du mit verschiedenen Papieren oder du gestaltest sie mithilfe verschiedener Techniken, z.B. tupfst du mit Wattestäbchen farbige Punkte auf oder klebst zusammengeknüllte Papierschnipsel auf. Klebe ein paar farbige Holzperlen deiner Prinzessin als Kette um den Hals. Als Arme kannst du statt Holzstäbchen auch Buntstifte oder Plastiklöffel verwenden.

Pantoffelbewacher

Wer kennt das? Ihr stellt eure Pantoffeln an den richtigen Platz und am nächsten Tag liegt ein Pantoffel in einer Ecke des Raumes und der andere in der anderen Ecke. Machen sich die Pantoffeln etwa selbstständig? Oder gibt es kleine Wichtel, die die Pantoffeln verstecken? Gut, dass wir nun Pantoffelbewacher-Klammern basteln; mit diesen Klammern könnt ihr eure Pantoffeln gut zusammenhalten – und ihr findest sie am nächsten Tag bestimmt wieder!

Das brauchen wir

Holzklammern • festen Karton • Tonpapier/Motivpapier • Schnur • verschiedene Materialien zum Aufkleben (z. B. Spitzabfall, bunte Perlen, Stoffreste, Glitzersteine)

Hilfsmittel

Bastelfarben • Pinsel • schwarzer, dünner Stift • Schere • Bastelkleber • Heißklebepistole

So wird's gemacht

1 Male die Holzklammern nach deinen Vorstellungen farbig an und lass die Farbe gut trocknen.

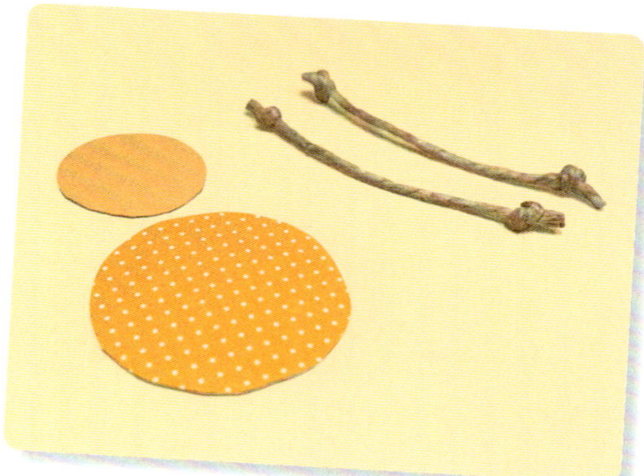

2 Schneide aus Ton- oder Motivpapier einen kleinen Kreis für den Kopf und einen etwas größeren Kreis für den Körper aus. Diese beiden Kreise kannst du auf festen Karton kleben und noch mal ausschneiden, dann sind sie stabiler. Aus zwei Schnurstücken entstehen die Arme und die Beine der kleinen Pantoffelbewacherfigur: Einfach von der Schnur zwei Stücke abschneiden und die Enden jeweils verknoten.

3 Male nun auf den kleinen Kreis ein Gesicht. Den großen Kreis kannst du mit verschiedenen bunten Sachen bekleben. Die Einzelteile zusammenfügen: Die beiden Kreise und die beiden Schnurstücke am besten mit Heißkleber (ein Erwachsener sollte dir helfen) auf den farbigen Holzklammern befestigen.

Variante für jüngere Kinder

Die Holzklammern direkt mit kleinen Streuteilen (z.B. Herzchen) oder farbigen Perlen bekleben. Wer mag, kann auch einfach mit Buntstiften eine Figur auf die Klammer malen.

Weitere Idee

Diese lustigen Holzklammern eignen sich auch super als Bilder- oder Fotohalter. Dafür eine lange Schnur waagrecht aufhängen und mit den Klammern Zeichnungen oder Fotos befestigen.

Krachmacher

Umfallende Bauklotztürme, brüllende Puppen, gefährliche Dinosaurierkämpfe und ewig lange Supermarktgespräche: Wenn Kinder spielen, geht es bekanntlich nicht leise zu. Manchmal braucht es jemanden, der noch lauter ist, um bestimmte Sachen der Rasselbande mitzuteilen. Wer kann denn das nur sein?

Das brauchen wir

Käseschachtel • Klimpermaterial (z. B. Münzen, Knöpfe) • Glöckchen • Strohhalme • Kaffeekapseln (aus Aluminium) • Holzperlen • Pfeifenreiniger • Schnur • Tonpapier

Hilfsmittel

Schere • Bastelkleber • Buntstifte • spitzer Bleistift

So wird's gemacht

1 Öffne die Käseschachtel und fülle sie mit Münzen oder Knöpfen. Stich vorsichtig mit einer Schere oder einem spitzen Bleistift zwei sich gegenüberliegende Löcher in den Rand der Schachtel. Fädle durch beide Löcher ein Stück Schnur. Befestige an beiden Enden, die im Inneren der Käseschachtel liegen, je eine Holzperle. Zwei weitere Holzperlen mit einem Knoten auch jeweils von außen auf die Schnur fädeln und mit einem Knoten sichern, sodass beide Schnüre fixiert werden.

2 Schließe die Käseschachtel und klebe sie mit Bastelkleber zusammen. Danach nimmst du die Schachtel als Schablone und zeichnest sie zweimal auf Tonpapier. Schneide die beiden Kreise aus und klebe sie hinten und vorne auf die Schachtel. Auch den Rand der Schachtel kannst du einfach mit zwei Streifen Tonpapier überkleben. Male nun ein lustiges Gesicht auf die Käseschachtel und klebe bunte Tonpapierstückchen als Haare auf.

3 Nimm nun die untere Schnur und fädle abwechselnd Glöckchen, Kaffeekapseln, Perlen und Strohalmstückchen auf. Zum Schluss einfach eine Perle festknoten. Nun ergänzt du noch die Arme: Nimm dafür den Pfeifenreiniger und drehe ihn – wie auf der Abbildung zu sehen – um die Schnur, bis er fest sitzt.

Idee für Kindergruppe

Den Krachmacher an der Wand anbringen. Gibt es einmal etwas, das jeder hören soll, darf ein Kind einfach an der unteren Schnur des Krachmachers rütteln. Die anderen Kinder werden dann bestimmt ihre Ohren spitzen und zum Krachmacher schauen. Jetzt darf das Kind laut sagen, was die anderen wissen sollten ...

Zum FÜHLEN, HÖREN, RIECHEN, TASTEN & SEHEN

Fühlen, Hören, Riechen, Tasten und Sehen: Diese fünf Sinne öffnen dir das Tor zur Welt. Die folgenden Bastelanregungen helfen dir, deine Sinne zu wahren Weltmeistern zu machen. Auf die Plätze, fertig, los!

Pädagogische Hinweise

Unsere Sinne ermöglichen es uns, die Umwelt zu erkunden und wahrzunehmen. Die kindlichen Sinne müssen durch vielfältige Betätigung erst entwickelt werden. In diesem Kapitel wird regelrecht mit den Sinnen „gewerkelt": Jede Bastel-Idee richtet sich an einen bestimmten Sinn. Die gebastelten Sachen können dazu genutzt werden, die Sinne zu schulen: Die Tast-Socken laden beispielsweise die Kinder dazu ein, ohne Augen „zu sehen" und Objekte zu erkennen. Das Glücksschwein-Bingo schult den Sehsinn und das Erkennen und Benennen von Farben. Die Pappteller-Rassel liegt gut in kleinen Kinderhänden und lädt dazu ein, mit Geräuschen zu experimentieren.

Kitzeliger Kitzelfritz

Darf ich vorstellen: Das ist der kitzelige Kitzelfritz. Wie sein Name schon sagt, kitzelt dieser kleine Lausbub für sein Leben gern. Am liebsten mit seiner flauschigen, bunten Haarpracht. Das fühlt sich ganz weich und schön an. Er ist klein, aber oho!

Das brauchen wir

farbige Federn • Holzperle • dünner Holzstab (Schaschlikspieß) • Kaffeekapsel aus Aluminium • Wackelaugen

Hilfsmittel

Schere • Bastelkleber • Zahnstocher

So wird's gemacht

1 Drück etwas Bastelkleber in das Loch der Holzperle und steck einige bunte Federn in das Loch.

2 Von der anderen Seite steckst du einen dünnen Holzstab in die Perlenöffnung und lässt alles gut trocknen.

3 Nimm die Kaffeekapsel und bohr vorsichtig mit einem Zahnstocher (oder ein Erwachsener mit einer Schere) ein Loch in den Boden. Nun bestreichst du die Oberseite der Holzperle mit etwas Bastelkleber, fädelst die Kaffeekapsel auf den Holzstab und schiebst ihn bis zur Holzperle. Zum Schluss klebst du die Wackelaugen auf – und los geht der Kitzelspaß!

Spiel-Ideen (Kindergruppe)

- **Kitzelspaß:** Die Kinder bilden Zweiergruppen. Ein Kind schließt die Augen. Das andere Kind hat die Aufgabe, seinen Partner mit dem Kitzelfritz zu kitzeln. Das Kind mit den geschlossenen Augen muss „Stopp" sagen, wenn der Kitzelfritz das vorher vereinbarte Körperteil erreicht. Zum Beispiel wurde als „Kitzelziel" die Nase vereinbart. Das Kind sagt „Stopp", sobald es von seinem Partner mit dem Kitzelfritz an der Nase berührt wird.
- **Wach gekitzelt:** Am Ende einer Gruppenaktivität oder Entspannungsübung schließen die Kinder ihre Augen und „schlafen". Erst wenn sie vom Kitzelfritz berührt werden, dürfen sie ihre Augen aufmachen, sich erheben und sich leise eine andere Beschäftigung suchen.

Klimper-Rassel

Habt ihr Lust, Musikinstrumente selbst anzufertigen? Es ist nicht schwer und die Instrumente klingen richtig gut. Eine tolle Rassel entsteht zum Beispiel aus zwei zusammengeklebten Papptellern, die mit Klimpermaterial gefüllt werden. Ihr werdet sehen, dass sich mit diesem Instrument eure Wohnung gleich in einen richtigen kleinen Konzertsaal verwandeln wird.

Das brauchen wir

zwei runde Pappteller • „Klimper"-Material (z. B. getrocknete Hülsenfrüchte, Steinchen, Glöckchen usw.)

Hilfsmittel

Bastelfarbe • Pinsel • Bastelkleber • Klebestreifen

So wird's gemacht

1 Fülle in einen Pappteller „Klimper"-Material. Bestreiche den Tellerrand mit Bastelkleber, lege den zweiten Pappteller umgedreht darauf und lass alles gut trocknen.

2 Bemale nun mit Bastelfarbe die beiden Pappteller.

3 Sobald die Farbe trocken ist, kannst du mit einem Pinselstiel einige Punkte auf deine Rassel tupfen.

Variante

Du kannst auch rechteckige Pappteller zu Rasseln umgestalten. Mit Klebestreifen kannst du sie ganz einfach zusammenkleben. Danach malst du die Rassel bunt mit Bastelfarbe an. Mit einem Korken kannst du wunderschöne Blumen und kleine Marienkäfer aufstempeln.

Spiel-Ideen (Kindergruppe)

- **Mitspiel-Rasseln:** Es können verschiedene Musikstücke angehört werden, dabei dürfen die Kinder auf ihren Rasseln bestimmte Teile begleiten.
- **Silben-Rasseln:** Wörter werden in ihre Silben unterteilt, z.B. Zie – ge. Pro Silbe wird mit der Rassel einmal geschüttelt. Kinder bauen so ein Gefühl zur Wortkonstellation und Silbentrennung auf. Auch den eigenen Namen können die Kinder rhythmisch mit der Rassel begleiten: Sie sagen laut ihren Namen (z.B. Ste – fa – nie) und bewegen pro Silbe einmal ihre Rassel.
- **Klanggeschichte:** Den Kindern wird eine Geschichte vorgelesen. Sie dürfen auf ihren Rasseln spielen, sobald beispielsweise der Wind weht, es stürmt, Tiere laufen, es eine Schneeballschlacht gibt usw.
- **Rassel-Welle:** Die Kinder sitzen im Kreis und bewegen nacheinander ihre Rasseln, sodass eine regelrechte Geräuschwelle entsteht. Wenn ein Kind möchte, kann es die Richtung der Rassel-Welle ändern, indem es sein Instrument bewusst in die andere Richtung bewegt.
- **Rassel-Wort:** Den Kindern wird eine Geschichte vorgelesen. Immer wenn ein bestimmtes Wort vorkommt, bewegen sie ihre Rasseln.
- **Nachahmung von Tieren:** Verschiedene Tiere (z.B. Maus, Elefant, Fuchs, Pferd, Katze, Hund) werden auf Papierkärtchen dargestellt. Alle Kinder sind mit einer Rassel ausgestattet und bilden einen Sitzkreis. Sobald ein Tierkärtchen hochgehalten wird, probieren die Kinder dieses mit ihren Rasseln nachzuahmen. Eine Maus beispielsweise macht viele, klitzekleine Schrittchen, ein dicker Elefant macht nur einige große, dumpfe Schritte und ein Fuchs schleicht sanft auf seinen Pfoten. Die Eigenschaften der Tiere am besten am Anfang dieser Aktivität mit den Kindern besprechen.

Schnecken-Memory

Schnecken gehören nicht gerade zu den schnellsten Tieren der Welt. In einer Sekunde legt eine Schnecke etwa einen Millimeter zurück (ein Millimeter ist etwa die Dicke eines Fingernagels einer erwachsenen Person). Schnecken kriechen gemütlich und ohne Stress durch ihr Leben und schleppen ihr Haus auf dem Rücken überall mit sich herum. Schneckenhäuser können – in der Natur, aber auch beim Basteln – sehr unterschiedlich aussehen. Lass dich überraschen!

Das brauchen wir

festen Karton • weiße Papierblätter • Material zum Fühlen (z. B. Pfeifenreiniger, Wollreste, Strohhalme, Bohnen, Korken, Kaffeekapseln)

Hilfsmittel

Schere • Lineal • Bastelkleber • schwarzer, dünner Stift

So wird's gemacht

1 Schneide den harten Karton in gleich große Quadrate (z.B. acht oder zwölf Stücke).

2 Nimm ein weißes Blatt Papier und reiße vorsichtig kleine Stücke ab, die du als Schneckenkörper auf die Quadrate klebst. Mit dem schwarzen Stift malst du jeweils zwei Schneckenfühler auf.

3 Nun klebst du jeweils auf zwei Quadrate das gleiche Material, z.B. Kaffeekapseln, Holzperlen, Pfeifenreiniger oder Strohhalmstücke.

Spielanleitung

Lass dir die Augen verbinden und fühl mit den Händen, welche Schnecken-Quadrate zusammengehören.

Varianten

- **Hör-Memory:** Jeweils zwei Kaffeekapseln mit dem gleichen Material (z.B. Glöckchen, Hülsenfrüchte, Münzen, kleine und große Steine, Watte) füllen und der Schnecke auf den Rücken kleben. Wer hat die besten Ohren?
- **Riech-Memory:** Duftmaterialien (z.B. Nelken, Curry, Zimt, Anis, Rosenblüten) in dünne Stoffsäckchen füllen und auf die Kärtchen kleben. Jeweils einen kleinen Serviettenkreis darüberkleben, sodass die gleichen Schnecken nicht an durchschimmernden Farben zu erkennen sind.

Tast-Socken

Mit dieser einfachen Technik entstehen aus langweiligen, weißen Socken farbenfrohe Tast-Spiele. Wer von euch kann am besten nur mit seinen Händen kleine Dinge „erkennen" – und wird zum Tast-König?

Das brauchen wir

weiße Socken (Paare) • Material zum Füllen (z. B. getrocknete Hülsenfrüchte, Perlen, Strohhalme, Korken)

Hilfsmittel

Wasserfarben • Pinsel • Weinkorken

So wird's gemacht

1 Bestreiche mit etwas Wasserfarbe den Korken und drucke große Punkte auf die weißen Socken. Wenn du verschiedene Farben verwendest, werden die Socken besonders schön. Vor dem Farbwechsel solltest du den Korken immer reinigen.

2 Sobald die Farbe getrocknet ist, kannst du die Socken mit Material füllen, z.B. Perlen, Strohhalmstücke oder getrocknete Hülsenfrüchte. Wer Socken-Memory spielen möchte, füllt jeweils zwei Socken mit dem gleichen Material.

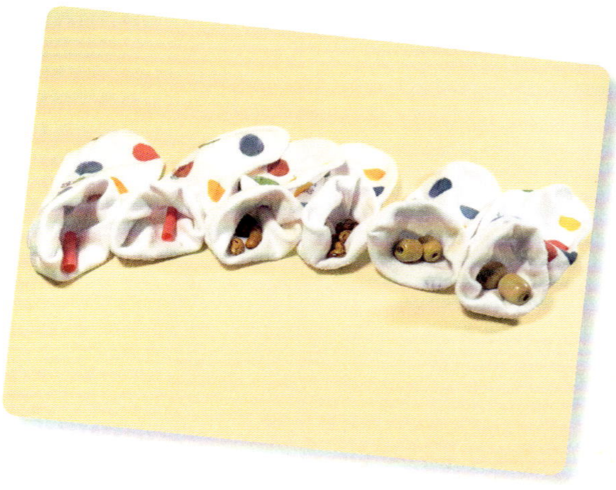

Spiel-Ideen

- **Socken-Memory:** Wer findet die richtigen Pärchen?
- **Materialuhr:** Wer möchte, kann alle Socken auch mit verschiedenen Materialien füllen. Dann alle Materialien, die verwendet werden, auf den Rand eines runden Papptellers kleben. In der Mitte des Tellers einen Zeiger aus fester Pappe mithilfe einer Musterklammer befestigen. Die Kinder nehmen nun die erste Socke und greifen – ohne zu schauen – hinein und stellen den Zeiger der Uhr auf das vermutete Material. Wer schafft es, alle Gegenstände zu erkennen?
- **Gleich und gleich gesellt sich gern:** Mehrere Socken mit Sachen aus dem gleichen Material (z.B. aus Holz, Plastik, Papier, Stein, Textilien) füllen. Ein Musterstück des ausgewählten Materials, z.B. eine Holzperle, liegt vor dem Kind. Nun greift das Kind mit geschlossenen Augen in den Socken und probiert zu erkennen, um welches Material (hier: Holz) es sich handelt. Die Socke wird neben das Musterstück gelegt. Sobald das Kind alle Socken einer Gruppe zugeordnet hat, darf es in die Socken schauen und prüfen, ob es das richtige Material ertastet hat.

Monsterdinner

Dieses gutmütige Monster heißt Siggi. Siggi aß als kleines Monster nur Bambusblätter. Dies machte den Herrscher des Dschungels zornig, da es zu jener Zeit nur drei Bambusbäume in seinem ganzen Reich gab. Er rief eine Hexe zu sich und bat sie, dem Monster Siggi ein anderes Lieblingsessen zu zaubern. Da die Hexe ihr Zauberbuch verloren hatte, zauberte sie Siggi aus Versehen vier Köpfe.

Das brauchen wir

große Kartonbox • Wackelaugen • verschiedene Materialien zum Bekleben (Watte, Strohhalme, Stoffreste, Papier) • Holzperlen • Wolle • Pappteller • vier verschiedene Materialien, die das Monster später essen soll, z. B. Kaffeekapseln, CDs, Strohhalme, Schraubgläserdeckel

Hilfsmittel

Bleistift • Schere • Messer (nur zusammen mit einem Erwachsenen verwenden) • Bastelkleber

So wird's gemacht

1 Auf jede Seite der Kartonbox die Umrisse eines Monsterkopfes zeichnen. Außerdem jeweils eine Mundöffnung ausschneiden, in die später das Monsterfutter eingesteckt wird, z.B. einen länglichen schmalen Ausschnitt, durch den ein Schraubglasdeckel passt.

2 In den Deckel der Box einen Kreis schneiden, dafür einen Pappteller als Schablone verwenden. Durch diese Öffnung kannst du später die „verfütterten" Sachen wieder herausholen.

3 Nun beklebst du jeden Monsterkopf mit einem bestimmten Material, z.B. mit Wolle oder Papier oder Strohhalmstücken.

4 Auf jeden Monsterkopf außerdem eine Holzperle als Nase sowie Wackelaugen aufkleben. Zudem kannst du auf jeden Kopf noch eine freche Frisur aus Wollfäden befestigen.

Spielanleitung

Alle vier Materialien, die an Siggi verfüttert werden sollen, auf einen Pappteller legen und Siggi so lange drehen, bis eine passende Mundöffnung gefunden wird, in die eins der vier Materialien passt.

Hinweis für Erwachsene

Kinder müssen bei dieser Aktivität mit ihrem Tast- und Sehsinn die Objekte genau wahrnehmen und ihre Form erkennen. Erst dann können sie den heiklen Siggi mit seinen vier Köpfen erfolgreich füttern und zufriedenstellen.

Variante

Noch mehr Köpfe? Was passiert, wenn die Hexe nach vielen Jahren probiert, ihren Zauber rückgängig zu machen und Siggi dann aus Versehen – weil sie wieder einen Zauberspruch verwechselt hat – nun acht Köpfe hat? Oh je! Dafür einfach auf jeder Seite des Kartons zwei Köpfe mit unterschiedlichen Mundöffnungen aufzeichnen. Viel Spaß beim Füttern!

Fotoapparat

Wer hat schon einmal einen Ameisenhaufen beobachtet? Wer hat schon einmal einzelne Sandkörner ganz genau angeschaut? Und wer hat schon einmal eine Blume mit all ihren Blütenblättern unter die Lupe genommen? Mit dem selbstgemachten Eierkarton-Fotoapparat könnt ihr einzelne Dinge ganz genau beobachten, heranzoomen und interessante Ansichten einfach einmal „abknipsen".

Das brauchen wir

Eierkarton • farbiges Papier • Motivpapier • Klopapierrolle • Knöpfe • Schnur

Hilfsmittel

Bleistift • Schere • Bastelkleber

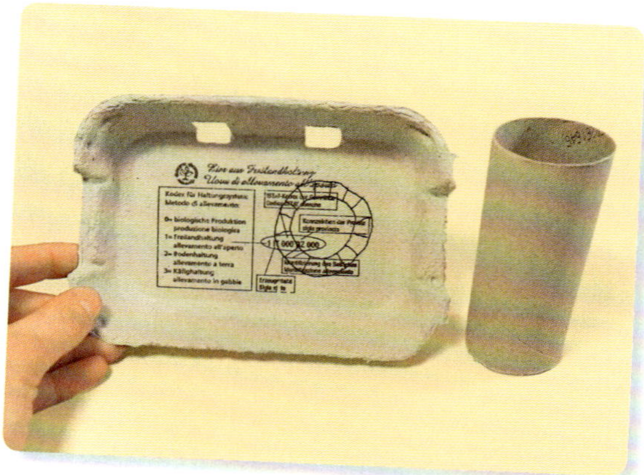

So wird's gemacht

1 Zeichne den Umriss der Klopapierrolle auf der Innenseite des Eierkarton-Deckels nach. Zeichne in diesen Kreis einen etwas kleineren Kreis. Die beiden Kreise verbindest du mit vielen kleinen Linien. Dann schneidest du den kleineren Kreis vorsichtig aus und anschließend die Linien, die die beiden Kreise vorher verbunden haben, ein.

2 Drehe den Eierkarton-Deckel um und beklebe ihn mit vielen kleinen, bunten Papierstückchen. Drücke vorsichtig auf den Rand des Loches, das du gerade ausgeschnitten hast. Der Rand biegt sich wegen der kleinen Schnitte nach innen.

3 Umwickle die Klopapierrolle mit Motivpapier und klebe es fest. Nun gibst du etwas Bastelkleber auf die kleinen Laschen bei der Öffnung und schiebst die Klopapierrolle vorsichtig in das Loch. Zum Schluss klebst du noch ein paar Knöpfe auf den Fotoapparat und befestigst eine Schnur, damit du dir den Fotoapparat um den Hals hängen kannst.

Spiel-Idee

Die Kinder können angeregt werden, schöne Anblicke und Momente mit ihrem Fotoapparat festzuhalten. Vielleicht entdecken sie auf einer Wiese eine besondere Blume, am Strand eine schöne Muschel oder im Wald einen außergewöhnlichen Baumstamm? Sobald sie etwas Besonderes gefunden haben, müssen sie mit ihrem Fotoapparat ganz nah rangehen und „abknipsen". Sobald sie wieder zu Hause sind, zeichnen sie ihre „abgeknipsten" Eindrücke auf ein Blatt Papier. Wer möchte, kann eine kleine „Foto-Box" anlegen, in der alle gezeichneten Fotos, die mit dem Eierkarton-Fotoapparat gemacht wurden, aufbewahrt werden.

Glücksschwein-Bingo

Marienkäfer, Hufeisen und vierblättriger grüner Klee sind wahre Glücksbringer. Wie wir wissen, bringen auch Schweinchen Glück – auch wenn sie nicht rosarot aussehen! Bemalt mit deiner Lieblingsfarbe, bringt dir dieses Schweinchen beim Bingospielen bestimmt viel Glück!

Das brauchen wir

Eierkarton • farbiges Ton- und Motivpapier • Moosgummi • getrocknete Bohnen • Stoffsäckchen

Hilfsmittel

Bastelfarbe • Pinsel • Bastelkleber • Schere • schwarzer, dünner • Buntstifte

So wird's gemacht

1 Male den Deckel des Eierkartons in deiner Lieblingsfarbe an an und lass die Farbe trocknen.

2 Schneide aus Ton- und Motivpapier eine Schweinenase und zwei Ohren zu und klebe sie auf den Eierkarton. Zeichne mit einem schwarzen Stift Augen, Nasenlöcher und einen Mund auf. Dann malst du noch mit einem hellen Buntstift Backen auf.

3 Schneide aus farbigem Tonpapier jeweils einen Kreis in sechs verschiedenen Farben zu, am besten verwendest du einen kleinen Flaschendeckel als Schablone. Außerdem schneidest du aus Moosgummi einige Quadrate zu.

4 Öffne nun den Eierkarton. In jede Vertiefung legst du einen Farbkreis, sodass dein Glücksschwein insgesamt sechs verschiedene Farbkreise enthält.

5 Schneide anschließend noch mal Kreise in den sechs verschiedenen Farben sowie zusätzlich noch in weiteren Farben zu und klebe jeweils einen Farbkreis auf ein Moosgummi-Quadrat.

Spiel-Idee

Alle Moosgummi-Farbkärtchen in ein Stoffsäckchen legen. Nach und nach darf jedes Kind ein Kärtchen ziehen. Alle Kinder, die die abgebildete Farbe in ihrem Glücksschwein finden, dürfen eine Bohne in die entsprechende Ei-Vertiefung legen. Bei wem zuerst auf allen Farbkreisen eine Bohne liegt, hat gewonnen und muss laut „Bingo" rufen.

Spiel-Variante

Das Bingospielen eignet sich gut für Wortschatztrainings. Wer möchte, kann statt der Farbkreise auch kleine Abbildungen (z.B. verschiedene Obstsorten, verschiedene Gegenstände des Hauses, verschiedene Tiere) in das Glücksschwein kleben. Sobald ein bestimmtes Moosgummi-Kärtchen gezogen wird, wird die Abbildung genau benannt. Wer „Bingo" ruft, muss seine Abbildungen laut benennen und/oder passende Sätze dazu bilden.

SAMMELSTÜCKE aus der Natur

Man kann in der Natur wunderbare Materialien finden, mit denen wir hervorragend basteln können. Die Natur entdecken, Naturmaterial sammeln und daraus etwas gestalten: Das macht „natürlich" Spaß!

Pädagogische Hinweise

Die Natur stellt für Kinder faszinierende Materialien kostenlos zur Verfügung. Kinder werden von Naturmaterialien regelrecht verzaubert. Sie spielen damit, beginnen Ordnungen herzustellen, verwandeln sie in Tiere und Menschen und erwecken diese zum Leben.

Der Umgang mit Naturmaterialien und das Spielen und Gestalten in der freien Natur fördert die Gehirnentwicklung. Kinder vergessen sich, geben sich ganz der Sache hin und gehen in ihr auf. Die Natur ist eine unendliche Fundgrube. Die Vielfalt der Materialien ermöglicht unzählige Gestaltungsmöglichkeiten.

Die Anregungen in diesem Kapitel ermuntern zu verschiedenen Erfahrungen: Bei der Bastel-Idee „Das bin ich" beispielsweise kurbeln die Kinder ihre Vorstellungskraft an und stellen sich selbst mit Naturmaterialien dar. Kleine und große Dinge werden aneinandergefügt, die Fein- und Grobmotorik wird gefördert. Die unregelmäßigen Formen der Natur regen die Fantasie der Kinder an und lassen wie beim „Waldelf" zauberhafte Wesen entstehen.

Schmetterling

Im Frühling und im Sommer kann man viele Schmetterlinge beobachten, die fröhlich über die Blumenwiese flattern. Wer sie genau betrachtet, erkennt sofort, wie wunderschön sie von der Natur geschaffen wurden. Bei den folgenden Schmetterlingen übernehmt ihr die Aufgabe der Natur und entscheidet, wie sie gemustert sein sollen.

Das brauchen wir

Tonpapier • Blumendraht • verschiedene Naturmaterialien zum Aufkleben (z. B. gepresste Blumen und Blätter) • Sand • kleine Ästchen • einen etwas größeren Stein

Hilfsmittel

Bleistift • Schere • Bastelkleber • doppelseitiges Klebeband • Kombizange

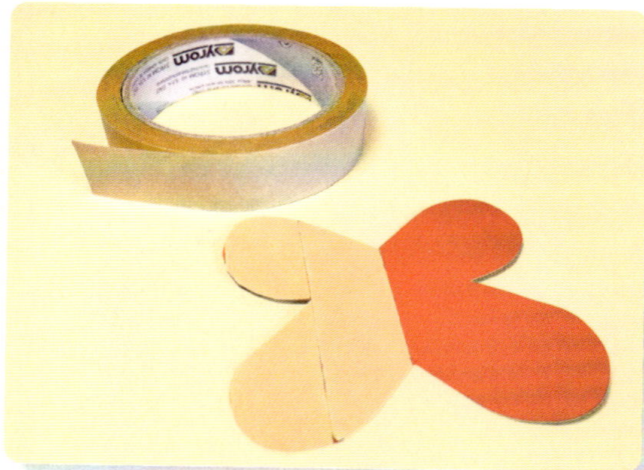

So wird's gemacht

1 Zeichne auf das Tonpapier die Flügel eines Schmetterlings und schneide sie aus. Überklebe die Tonpapierform mit doppelseitigem Klebeband.

2 Ziehe nun bei einem Flügel die Schutzhülle des Klebebandes ab und lege die gewünschten Materialien darauf. Überstreue die restlichen, klebrigen Stellen des Flügels mit etwas Sand. Genauso gehst du beim zweiten Flügel vor.

3 Umwickle den Stein mit Blumendraht. Die beiden Enden des Drahtes verdrehst du miteinander und biegst sie oben zu zwei Fühlern. Befestige nun die Flügel mit Bastelkleber am Draht. Das Ästchen klebst du als Schmetterlingskörper in der Mitte der Flügel auf.

Varianten

- **Schmetterling:** Statt Blättern und Blüten kannst du den Schmetterling mit Baummoosfasern und kleinen Baumscheiben gestalten.
- **Herz mit Linsen:** Du kannst auch eine Herzform zuschneiden und getrockneten Linsen aufkleben.

Schildkröten

Schildkröten gibt es schon seit vielen, vielen Jahren auf unserer Welt. Sie passen sich gut an ihre Umwelt an und haben auf diese Weise auch harte Zeiten, wie beispielsweise Eiszeiten, überlebt. Es gibt verschiedene Arten von Schildkröten, die im Wasser oder auf dem Land leben. Die folgenden Schildkröten schlüpfen nicht, wie gewöhnlich, aus Eiern, sondern aus eurer Fantasie.

Das brauchen wir

festen Karton • braunes Tonpapier • verschiedene Naturmaterialien (z. B. kleine Kieselsteine, Rinde, Baummoos)

Hilfsmittel

Schere • Heißklebepistole • dünner, schwarzer Stift • roter Buntstift

So wird's gemacht

1 Schneide aus dem braunen Tonpapier einen Schildkrötenkörper aus. Auf die Unterseite des Körpers klebst du einen Kreis aus festem Karton, sodass die Schildkröte eine stabile Unterlage bekommt. Dreh den Schildkrötenkörper wieder um.

2 Nun gestaltest du mit Naturmaterialien den Panzer der Schildkröte: Schichte ein paar kleine Kieselsteine oder Baumrindenstücke oder Baummoos übereinander und befestige sie mit Heißkleber (mithilfe eines Erwachsenen). Male der Schildkröte ein Gesicht, Krallen und zwei rote Bäckchen auf.

Varianten

- **Minischildkröten**: Wenn du ganz kleine Schildkröten anfertigst, kannst du sie hervorragend als kleine Glücksbringer verschenken. Darüber freuen sich deine Eltern, Großeltern, Geschwister, Tanten, Onkel und Freunde bestimmt sehr!
- **Riesenschildkröte**: Die freie Natur stellt ein tolles „Bastelatelier" dar, ganz nach dem Motto: Natur pur. Sammle verschiedene Naturmaterialien. Ritze die Körperumrisse der Schildkröte in den Boden. Staple verschiedene Naturmaterialien übereinander, sodass sie einen Panzer bilden.

Bilderrahmen

Hinter jedem Foto steckt meist eine tolle Geschichte. Allein beim Anblick fallen uns oft die lustigsten Momente ein. Mit diesem Bilderrahmen bekommen Fotos, die oft in einer Schublade verschwinden, einen Ehrenplatz und können von jedem betrachtet werden.

Das brauchen wir

ein nettes Foto • festen Karton • Packpapier • getrocknete Hülsenfrüchte (z. B. Bohnen, Kichererbsen, Linsen) • verschiedene Naturmaterialien (z. B. Rindenstückchen, Ästchen)

Hilfsmittel

Klebestreifen • Bastelkleber • schwarzer, dünner Stift

So wird's gemacht

1 Schneide aus festem Karton ein großes Rechteck (= Rahmen) aus und beziehe es mit Packpapier; dabei sollte ein Erwachsener helfen.

2 Befestige das Foto mit einigen Klebestreifenröllchen in der Mitte des Rechtecks.

3 Klebe nun mit etwas Bastelkleber getrocknete Hülsenfrüchte auf, sodass kleine Schmetterlinge entstehen. Mit einem schwarzen Stift malst du kleine Fühler auf.

4 In die vier Ecken des Bilderrahmens klebst du nun einige Rindenstückchen. Zum Schluss setzt du mit dem Bastelkleber lauter kleine Punkte auf den Rahmen und legst getrocknete Linsen darauf.

Variante

Mit Hülsenfrüchten kann man viele tolle Muster legen. Wunderbar lassen sich damit kleine, zappelige Insekten zaubern: Wie wäre es mit einem Tausendfüßler aus Kichererbsen, der ganz frech über den Bilderrahmen huscht? Oder mit dicken Bohnenkäfern, die aufgeregt in eine Richtung laufen? Nimm ein Buch über Insekten zur Hand und überlege, wie man die verschiedensten Krabbeltiere am besten darstellen könnte! Natürlich kannst du neben den getrockneten Hülsenfrüchten auch andere Materialien verwenden. Krabbelig viel Spaß würde ich mal sagen!

Selbstbildnis

Bei dieser Arbeit steht kein uriger Knollnasen-Troll, kein freches, wasserspuckendes Schwimmbadkerlchen und kein kitzeliger Kitzelfritz im Mittelpunkt, sondern ganz allein du. Hast du dir schon einmal überlegt, wie du wohl ausschauen würdest, wenn du aus Naturmaterialien bestehen würdest? Wenn nicht, dann wird's jetzt Zeit …

Das brauchen wir

Pappteller • verschiedene Naturmaterialien (z. B. getrocknete Linsen, Stroh, kleine Rindenstücke, kleine Zapfen, kleine Ästchen, Mini-Steine) • Schnur

Hilfsmittel

Bastelkleber • Schere

So wird's gemacht

1 Stelle dich selbst dar! Klebe dafür verschiedene Naturmaterialien auf den Pappteller. Beginne mit deinem Kopf, den du beispielsweise aus Linsen, Stroh und Mini-Steinen gestalten kannst.

2 Füge dann beispielsweise einen Bauch aus einem größeren Rindenstück an und ergänze zuletzt die Arme und die Beine (kleine Ästchen) sowie die Hände und die Füße (Zapfen und Rindenstücke).

3 Auch den Rand des Papptellers kannst du mit verschiedenen, kleinen Naturfundstücken bekleben.

4 Stich mit der Schere am oberen Rand vorsichtig ein Loch in den Pappteller und zieh ein Stück Schnur durch, sodass du dein Selbstbildnis aufhängen kannst.

Weitere Idee

Familiendarstellung: Du kannst alle Familienmitglieder auf die gleiche Art und Weise darstellen: Gestalte die Gesichter und Körper wie bei deinem Selbstbildnis aus Linsen, Rindenstückchen, Mini-Steinchen und anderem Naturmaterial. Häng deine Papptellerbilder an eine Schnur sodass alle aus deiner Familie dein Kunstwerk sehen können.

Buchstabensalat

Kennst du schon ein paar Buchstaben? Kannst du schon deinen Namen oder andere Wörter schreiben? Mit dem „Buchstabensalat" macht das Buchstabieren richtig Spaß!

Das brauchen wir

große Rindenstücke • verschiedene Naturmaterialien (z. B. kleine Baumzapfen, Steinchen, Baummoos, Ästchen, Blüten) • eventuell eine Buchstabenvorlage

Hilfsmittel

Bastelkleber

So wird's gemacht

1 Suche dir einen beliebigen Buchstaben aus: Vielleicht deinen Anfangsbuchstaben? Oder vielleicht einen erst kürzlich entdeckten Buchstaben? Oder einen Buchstaben, der dir besonders gut gefällt? Male den Buchstaben auf ein Blatt Papier. Wenn du nicht ganz sicher bist, kannst du deine Eltern nach einer Buchstabenvorlage fragen.

2 Zeichne mit Bastelkleber den Buchstaben auf das Rindenstück und bedecke es entlang der „Klebelinien" nach und nach mit kleinen Naturmaterialien deiner Wahl.

Spiel-Idee

Die fertigen Rindenbuchstaben aller Kinder können später im Garten ausgelegt werden. Welche Wörter können damit geschrieben werden?

Variante

Kleiner Buchstabensalat: Die Buchstaben können auch auf feste Kartonstücke geklebt werden. Die Kinder probieren, ihnen bekannte Wörter zu legen oder vorgeschriebene Wörter mit den Buchstaben nachzulegen.

Waldelf

In der Nacht, wenn wir alle schlafen, verwandelt sich so mancher Wald in einen magischen Ort. Feen, Trolle und Waldelfen singen, tanzen und spielen dort, bis es wieder Tag wird. Bei den ersten Sonnenstrahlen verkriechen sie sich wieder in ihren Waldpalästen und fallen müde in ihre Moosbetten. Genau aus diesem Grund ist es sehr schwierig, solche magischen Wesen zu Gesicht zu bekommen. Aber wen haben wir denn da? Da hat sich wohl ein kleiner Waldelf in dieses Bastelbuch verirrt ...

Das brauchen wir

Astgabel oder Wurzel • Baummoos • verschiedene Naturmaterialien (z. B. kleine Baumzapfen, Ästchen, Rinde) • farbige Wollfäden • Wackelaugen • Glöckchen • Schnur

Hilfsmittel

Schere • Bastelkleber

So wird's gemacht

1 Lege das Baummoos (= Haare des Waldelfs) auf den oberen Bereich der Astgabel und umwickle einen Teil davon vorsichtig mit farbigen Wollfäden.

2 Sobald die Haare festgebunden sind, kannst du die Astgabel mit verschiedenen, farbigen Wollfäden umwickeln. Klebe dem Waldelf zwei Wackelaugen auf.

3 Seine Beine umspannst du mit Schnur, sodass ein Netz entsteht. Nun kannst du dort tolle Naturschätze und ein kleines Glöckchen mit etwas Schnur befestigen. Wenn der Waldelf irgendwo „schweben" soll, befestigst du oben an der Astgabel ein kleines Stück Schnur.

Spiel-Idee

„Waldelf-Echo": Die gebastelten Waldelfen werden in einem Raum beliebig verteilt: einige schweben, andere stehen, manche liegen. Dann wird der Raum abgedunkelt. Die Kinder setzen sich in die Mitte des Raumes. Mit einer Taschenlampe wird im Raum herumgeleuchtet. Sobald ein Waldelf im Taschenlampenlicht erscheint, darf dessen Besitzer ein Waldelf-Geräusch von sich geben, z.B. schreien, jauchzen, geheimnisvoll lachen, etwas flüstern. Im Hintergrund kann leise eine passende Musik abgespielt werden. Als Alternative könnten Instrumente verwendet werden, mit denen die Waldelf-Geräusche nachgeahmt werden.

Rindenschloss

Dieses Schloss findest du in einem dichten, finsteren Wald. Durch seine Rindenmauer ist es gut getarnt und nur Kinderaugen können es erkennen. Auch die Bewohner des Schlosses sind etwas urig – aber sieh selbst!

Das brauchen wir

Für das Schloss
zwei große, feste Kartonstücke • zwei Holzklötzchen • Holzperlen • Naturmaterialien (Rinde, Nadelbaumzweige, Steine in verschiedenen Größen, Sand)

Für die Knollnasen-Trolle
zwei kleine, leere Marmeladengläschen • Baumzapfen • Wackelaugen • verschiedene Naturmaterialien • getrocknete Kichererbsen

Hilfsmittel

Schere • Bastelkleber

So wird's gemacht

1 Nimm das erste feste Kartonstück, zeichne ein Schloss auf und schneide es aus. Das Schloss bestreichst du nach und nach mit Bastelkleber und legst kleine Rindenstücke darauf. Damit das Schloss stehen bleibt, klebst du an die Rückseite des Schlosses zwei Holzklötzchen. Die Unterseite der beiden Klötzchen bestreichst du mit etwas Kleber und drückst sie auf das zweite große Kartonstück.

2 Nun gestaltest du die Umgebung des Schlosses: Zerteile die Nadelbaumzweige in kleine Stücke. Jedes Nadelbaumzweigstückchen in eine Holzperle drücken und dann auf den Kartonuntergrund kleben. Für den Weg bestreichst du den Boden mit etwas Bastelkleber und lässt Sand darüber rieseln. Den übriggebliebenen Sand pustest du vorsichtig weg. Schmücke den Wegrand mit kleinen Kieselsteinen aus. Größere Steine kannst du vor die Schlossmauern kleben.

3 Nun kommen die Schlossbewohner dran: Für die Knollnasen-Trolle brichst du vorsichtig einen Baumzapfen in zwei Teile und klebst jeweils eine Hälfte als Kopf auf ein kleines Marmeladenglas. Gestalte die Gesichter mit Augen und jeweils einer Kichererbsen-Nase. Verpasse den beiden Figuren urige Klamotten und Haare, indem du verschiedene Naturmaterialien aufklebst.

Weitere Ideen

Natürlich kann auch der Innenbereich des Schlosses gestaltet werden. Vielleicht gibt es eine Feuerstelle (dafür ein LED-Teelicht mit rotem und orangenem Transparentpapier umwickeln und Holzstückchen darüberkleben), an der die Knollnasen-Trolle ihre Schleimsuppen kochen? Gibt es vielleicht einen Ort, wo sich die Trolle für wichtige, geheime Besprechungen treffen? Wo schlafen die Trolle und wie sieht es wohl in ihrer Vorratskammer aus? Haben sie vielleicht eine Zugbrücke, um ihr Schloss vor ungewollten Besuchern zu schützen? Oder gibt es ein Verlies, in dem Eindringlinge festgehalten werden?

Holz-Eule

Die aus Naturmaterial gestaltete Eule hat kein dichtes Federkleid – sondern ein ganz seltenes! Um der Eule ihr spezielles Gefieder zu verleihen, brauchst du zwei besondere Hilfsmittel: viele kleine Nägel und einen Hammer. Na dann, viel Spaß beim Hämmern!

Das brauchen wir

Holzscheit • Nadelbaumzweige • verschiedene Naturmaterialien (z. B. kleine Ästchen, Rindestückchen, Steinchen) • kleine Nägel (ca. 15 Stück) • Blumendraht • Wollfäden • orangefarbenes Tonpapier

Hilfsmittel

Hammer • Schere • Bastelkleber • weiße Bastelfarbe • Pinsel

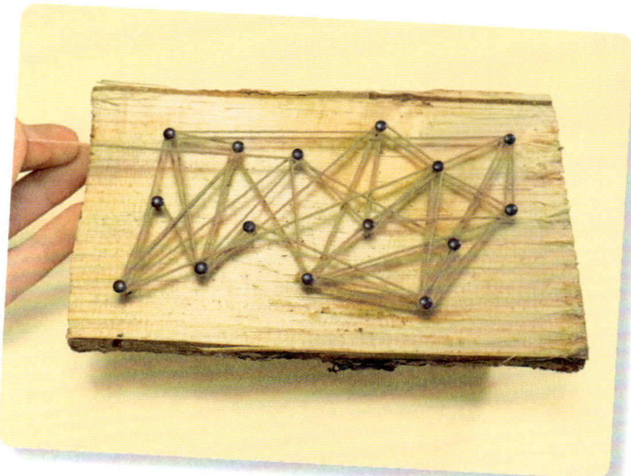

So wird's gemacht

1 Schlage mit dem Hammer vorsichtig Nägel in das Holzscheit, und zwar über die ganze Fläche verteilt. Lass dir am Anfang von einem Erwachsenen zeigen, wie es geht.

2 Mit den Wollfäden umspannst und umwickelst du die einzelnen Nägel, sodass ein Netz entsteht.

3 Rechts und Links bringst du Nadelbaumzweige als Flügel an. Als Füße und Augen verwendest du Rindenstückchen. Für die Augen malst du jeweils einen weißen Kreis in die Mitte von zwei Rindenstückchen und lässt die Farbe trocknen. Klebe dann jeweils eine Linse als Pupille auf und befestige die Augen im Gesicht. Mit Blumendraht kannst du einige kleine Ästchen zusammenbinden und der Eule als Haarpracht aufkleben. Der Schnabel entsteht aus orangefarbenem Tonpapier: Schneide ein Dreieck aus und klebe es auf das Netz.

Variante

Eule als Futterüberbringerin: Wer mag, kann an der Eule Vogelfutterknödel anbringen und sie im Winter in den Garten oder auf den Balkon hängen. **Achtung:** Da es regnen oder schneien könnte, solltest du die Eule witterungsbeständig basteln, also wasserfesten Kleber und wasserfeste Farbe verwenden! Den Schnabel kannst du aus Naturmaterial (z.B. Hagebutte, Rindenstück, Baumzapfen) anfertigen.

Schnecken-Gang

Oho ... schaut mal, wer da so gemütlich daherkriecht. Eine Naturschnecken-Gang, die es bestimmt nie eilig hat. Das Tolle an diesen Schnecken: die schön gefärbten Schneckenhäuser. Die Farben stellt ihr höchstpersönlich her – aus verschiedenen Gewürzen!

Das brauchen wir

Gewürzfarben

Gewürzpulver (z. B. Zimt, Curry, Paprika) oder Kaffeepulver • Eidotter • Wasser

Schnecken-Gang

Kreise aus festem Karton • getrocknete Hülsenfrüchte (z. B. Kichererbsen, Linsen, Bohnen) • Holzstückchen • Ästchen • Tannenzapfen • Blumendraht • Weinkorken

Hilfsmittel

Bastelkleber • Heißklebepistole • Pinsel

So wird's gemacht

1 Für eine Schnecke malst du einen Kartonkreis mit deiner selbst hergestellten Gewürzfarbe an. Sobald die Farbe getrocknet ist, zeichnest du mit Bastelkleber das Muster eines Schneckenhauses auf den Kreis und legst nach und nach getrocknete Hülsenfrüchte darauf.

2 Natürlich braucht die Schnecke auch einen Körper: Befestige das Schneckenhaus mit Heißkleber (ein Erwachsener sollte dir dabei helfen) auf einem kleinen Holzstück oder einem Tannenzapfen. Forme mit dem Blumendraht zwei Fühler und klebe diese ebenfalls auf.

3 Damit die Schnecke stabil stehen kann, klebst du oder ein Erwachsener mit Heißkleber einen Korken auf die Rückseite.

Gewürzfarben

Vermische etwa Gewürzpulver (oder Kaffeepulver) mit einem Eidotter, ein wenig Wasser und einigen Tropfen Bastelkleber in einem kleinen Behälter und verrühre alles gut miteinander – fertig! Gewürzfarben sind im Kühlschrank etwa vier Tage lang haltbar.

Spiel-Idee

Naturprojekt: Die Kinder gehen in den Wald, auf eine Wiese oder in einen Park – und nehmen ihre selbst gebastelte Schnecke mit. Jedes Kind darf nun ein Schneckengehege bauen. Vielleicht hat die Schnecke einen privaten Spielplatz? Oder ein Zimmer mit einem riesigen Bett? Vielleicht hat sie ein ganzes Dorf und einen eigenen Fußballplatz ganz für sich allein? Die Kinder sollen ihrer Fantasie freien Lauf lassen. Zum Schluss präsentieren die Kinder ihre Werke. Die verschiedenen Schneckengehege samt Einwohnern werden fotografiert, um eine tolle Erinnerung zu haben. Diese Fotos können im Kindergarten oder zu Hause ausgestellt oder in einem Album gesammelt werden.

Naturbursche

Diesem Bürschlein stehen die Haare wortwörtlich „zu Berge"! Und nein, er hat keine samtweichen, goldig gewellten Haare wie etwa Dornröschen. Nein, dieser junge Herr muss struppige, kaum zähmbare Äste als seine Haarpracht bezeichnen. Shampoo ist für ihn bestimmt ein Fremdwort ...

Das brauchen wir

Blumentopf • Kies oder Sand • Kleine Äste • kleiner Stein • zwei kleine Baumzapfen • Schnur • Wackelaugen

Hilfsmittel

Bastelkleber • Schere

So wird's gemacht

1 Klebe auf den Blumentopf einen Stein als Nase und zwei Wackelaugen auf. Fülle den Topf dann mit Kies oder Sand und stecke verschiedene Ästchen als Haare hinein.

2 Schneide von der Schnur ein etwa 15 cm langes Stück ab und befestige an beiden Enden einen kleinen Baumzapfen. Klebe nun diese wackeligen Füße an die Unterseite des Blumentopfes.

Idee für Kindergruppe

Naturriese: Ein großer Blumentopf wird als schöne Dekoration für den Eingangsbereich des Kindergartens oder der Wohnung zu einem Naturriesen umgestaltet. Den Topf mit Naturmaterialien bekleben, z.B. zwei Rindenstücke als Augen, einen Baumzapfen als Nase und einen Mund aus Moos. Seine Ast-Haare werden von allen Kindern gestaltet: Jedes Kind verziert nach seinem Wunsch einen Ast; dieser kann bemalt, mit verschiedenen Sachen beklebt oder mit farbiger Wolle umwickelt werden. Zum Schluss alle kreativ gestalteten Äste in den mit Sand gefüllten Blumentopf stecken.

Blumengesteck

In diesem Blumentöpfchen befinden sich Blumen, die nicht welken! Sie sehen das ganze Jahr über gleich frisch aus und brauchen keinen einzigen Tropfen Wasser. Blumen der ganz besonderen Art, die auch die Kleinsten leicht pflanzen... ähhhhh... basteln können.

Das brauchen wir

Blumentopf • Kies oder Sand • verschiedene Ästchen

Hilfsmittel

Bastelfarben • Plastikbecher

So wird's gemacht

1 Gib Sand oder Kies in den Blumentopf (oben sollte ein schmaler Rand frei bleiben).

2 Fülle die Bastelfarben in verschiedene Plastikbecher.

3 Nimm ein Ästchen, tauche seine Spitze kurz in eine Farbe ein; drehe das Ästchen einige Male so über dem Becher, dass sich die Farbe gleichmäßig an der Spitze verteilt. Setze das Ästchen vorsichtig in den Sand.

4 Wiederhole diesen Vorgang mit den weiteren Ästchen – auf diese Weise erhältst du ein kunterbuntes Blumengesteck.

Variante

Glückskaktus: Warum denn nicht einfach einen grasgrünen Kaktus in den Blumentopf einpflanzen? Dafür einen glatten Stein grün anmalen, die Farbe trocknen lassen und anschließend mit einem Zahnstocher weiße Punkte auftupfen. Sand in den Blumentopf geben und den Stein in den Sand drücken. Wer möchte, kann auch einfach nur einige getrocknete Linsen auf den Stein kleben.

Schatzkiste

Die Natur ist voller Schätze. Wahrscheinlich strahlt ihr auch, wenn ihr ganz besondere Fundstücke findet und eure Herzen höher schlagen. Für solche Schätze braucht es eine richtige Schatzkiste, in der alles gut aufbewahrt werden kann. Die Schatzkiste sollte natürlich auch hübsch aussehen – und mit Naturmaterial gestaltet sein.

Das brauchen wir

Kartonschachtel (z. B. einen Schuhkarton) • verschiedene Naturmaterialien zum Aufkleben • Deckel einer Becherlupe • dünnes Holzstäbchen (Schaschlikspieß) • Gummiband • Packpapier

Hilfsmittel

Bleistift • Schere • Bastelkleber

So wird's gemacht

1 Beklebe zuerst den Deckel und den unteren Teil der Schachtel mit Packpapier, lass dir dabei von einem Erwachsenen helfen. Beklebe dann den Deckel der Schachtel mit verschiedenen Naturmaterialien und lass den Klebstoff gut trocknen.

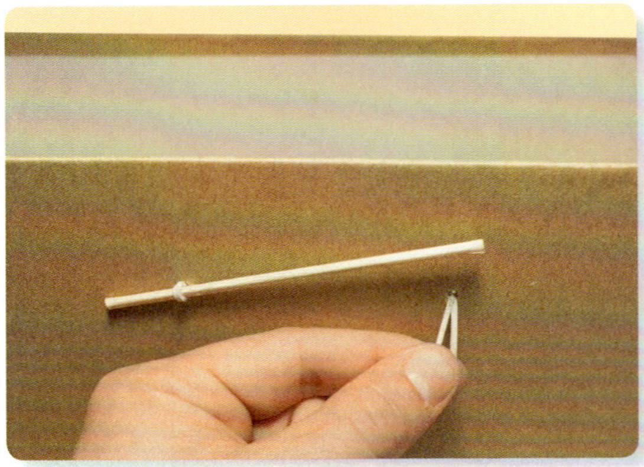

2 An den unteren Teil des Kartons befestigst du nun eine Lupe. Hierfür nimmst du den Deckel der Becherlupe und legst ihn ungefähr in die Mitte des Schachtelrandes. Wenn du die Lupe öffnest, sollte diese über den Schachtelrand hinausragen. Markiere nun die Lage des Becherlupen-Deckels mit zwei Bleistiftpunkten. Stich bei den Markierungen vorsichtig zwei Löcher ein. Ziehe nun von innen das Gummiband durch die beiden Löcher. Den Schaschlikspieß schiebst du durch die beiden Gummibandenden.

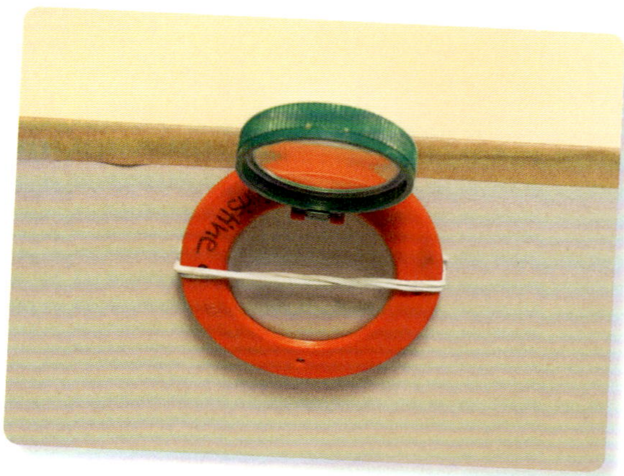

3 Den Becherlupen-Deckel klemmst du im Inneren hinter das Gummiband. Wenn du nun deine Fundstücke genauer betrachten willst, kannst du die Lupe immer hochklappen.

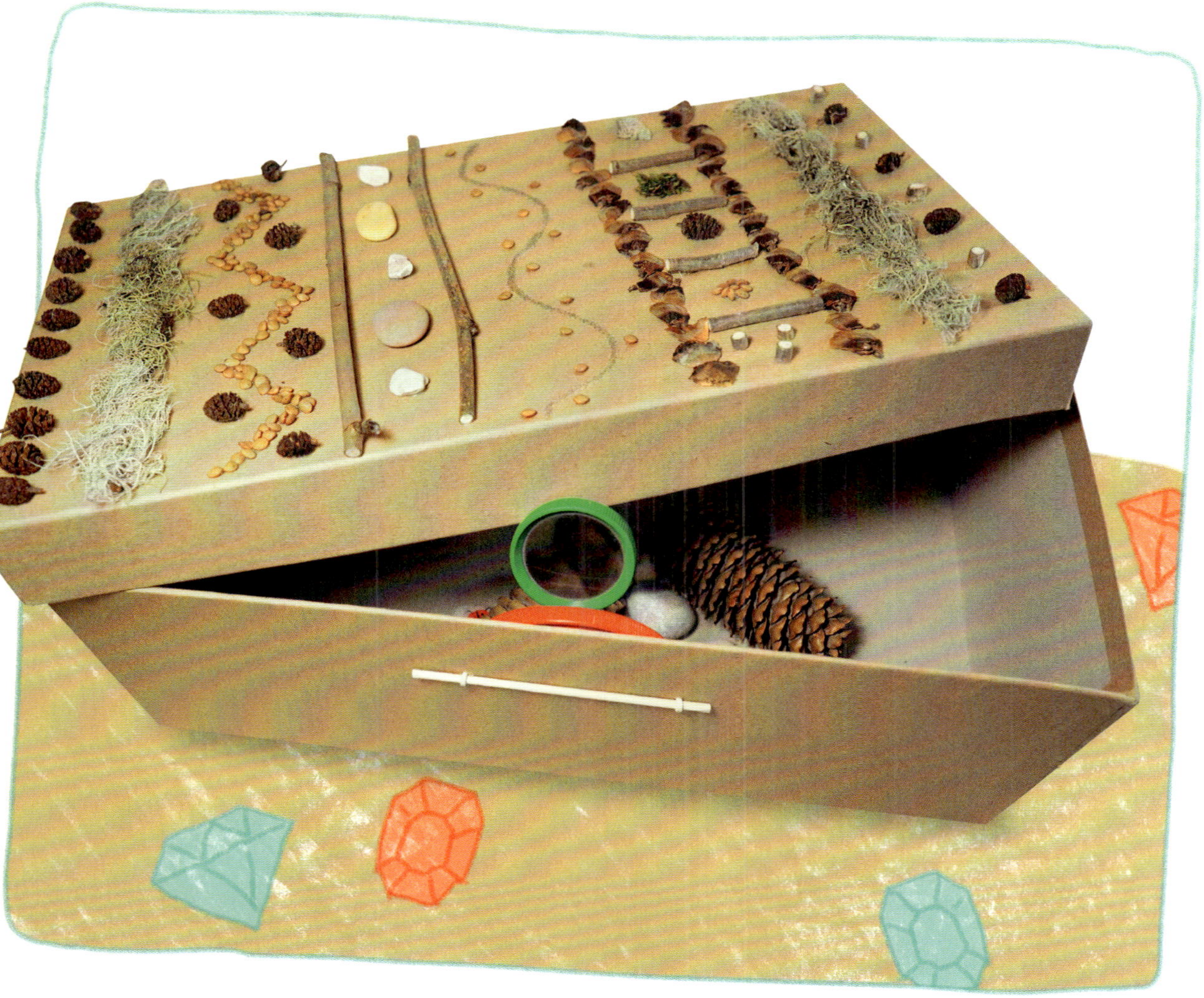

Weitere Ideen

Um in der Schatzkiste Ordnung zu halten, kannst du kleine Behälter (z.B. leere Joghurtbecher oder kleine Marmeladengläschen) hineinstellen. Du kannst außerdem ein Heftchen mit besonderen Zeichnungen, Notizen oder Fotos von Fundorten in die Schatzkiste legen.

BASTEL-IDEEN rund ums Jahr

Frühling, Sommer, Herbst und Winter: von den lustigen Faschingsgesellen über den grasgrünen Brieffrosch bis hin zu den Kaffeefilter-Engelchen – jede Jahreszeit ist einzigartig und lädt zum Basteln und kreativen Gestalten ein. Komm mit auf die kunterbunte Reise durchs Jahr!

Pädagogische Hinweise

In diesem Kapitel können sich die Kinder mit verschiedenen Techniken vertraut machen: Es wird gewickelt, gestupft und Farbe verpustet. Kinder lernen unterschiedliche Materialien kennen, z.B. Holz. Bei der Bastel-Idee „Regenbogenscheit" machen die Kinder erste Erfahrungen mit der Holzfeile. Egal auf welche Art und Weise das Holz bearbeitet wird, es stellt sich immer ein Erfolg ein. Die Bastel-Ideen fördern die Feinmotorik und die Ausdauer der Kinder. Für die Umsetzung wird wenig Material und eine kurze Vorbereitungszeit benötigt. Auch für die kleinsten Bastler gibt es Ideen, die sie selbstständig umsetzen können, z.B. den Wasserfarbenpuste-Baum, die Kochlöffel-Ostereier oder das wasserspuckende Schwimmbadkerlchen.

Faschingsgesellen

Clowns mit roten Nasen, Piraten mit kohlschwarzen Augenklappen, Indianer mit einem schönen Federschmuck – herzlich willkommen, lieber Fasching! Diese fröhliche Gesellen schmücken den Tisch oder überbringen wichtige Nachrichten ...

Das brauchen wir

leere Marmeladengläser • Wollfäden • Pfeifenreiniger • Stoffreste • farbiges und gemustertes Tonpapier • Wellpappreste • Federn

Hilfsmittel

Bastelkleber • Schere • schwarzer, dünner Stift • Buntstifte

So wird's gemacht

1 Fülle ein leeres Marmeladenglas mit farbigen Pfeifenreinigern, Wollfäden oder Stoffresten. Schraub danach den Deckel wieder auf.

2 Zeichne auf Tonpapier die Einzelteile für den Kopf deines Faschingsgesellen auf, male sie an, schneide sie aus und füge sie zusammen. Klebe den Kopf an den oberen Rand des Glases. Wenn du möchtest, kannst du auch weitere kleine Dinge wie einen Gürtel, Knöpfe usw. aus Papier zuschneiden und am Glas befestigen.

Weitere Idee

Diese Faschingsgesellen eignen sich auch gut als lustige Einladung für einen Geburtstag: Den Text für die Einladung auf ein kleines Blatt Papier schreiben und das Papier zusammenrollen. Das Briefchen mit einem Pfeifenreiniger umwickeln und am Glas befestigen.

Regenbogenscheit

Konfettis, kunterbunte Papierschlangen und witzige Kostüme – zur Faschingszeit wird es im ganzen Land bunt. Dieses Regenbogenscheit passt hervorragend in diese fröhliche Zeit des Jahres. Du kannst es in deinen Lieblingsfarben bemalen!

Das brauchen wir

Holzscheit

Hilfsmittel

Rundfeile • Wasserfarben • Pinsel

So wird's gemacht

1 Nimm eine Rundfeile und beginne vorsichtig, in das Holzscheit zu feilen. Du solltest so lange feilen, bis du die „Feilspur" gut erkennen kannst. Lass dir am Anfang von einem Erwachsenen helfen.

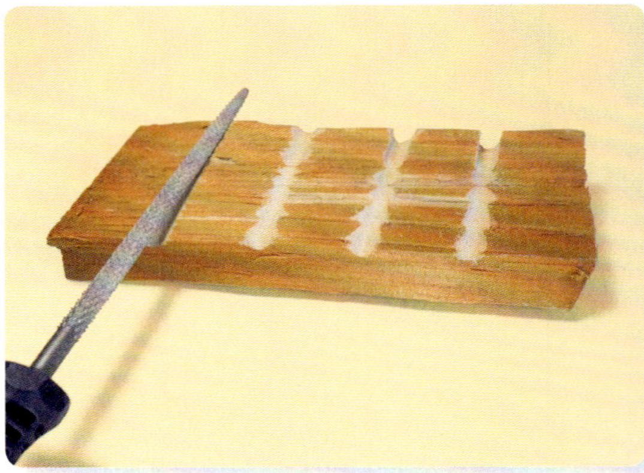

2 Feile weitere Spuren in das Holzscheit.

3 Nimm nun deine Wasserfarben zur Hand und male das Holz in deinen Lieblingsfarben kunterbunt an.

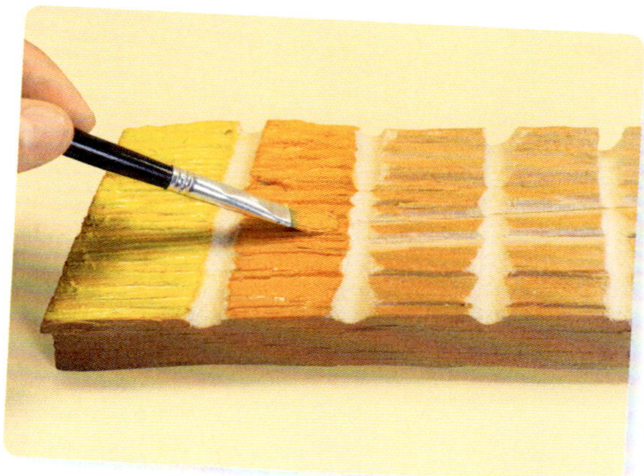

Weitere Idee

Diese Bastelarbeit mit einem kleinen „Farbexperiment" verbinden: Den Kindern stehen die drei Grundfarben (gelb, blau, rot) zur Verfügung. Nun dürfen sie auf einer Farbpalette experimentieren und ausprobieren, die Farben zu mischen. Mit diesen Mischfarben dürfen sie dann anschließend das Holzscheit anmalen.

Löffel-Ostereier

Bunt – bunter – kunterbunt! So sollen Ostereier aussehen! Diese hier sind etwas ganz Besonderes: Kochlöffel-Ostereier sehen lustig aus und sind im Nu selbst gemacht. Aber nicht anknabbern, denn sie sind leider nicht aus Schokolade.

Das brauchen wir

Holzkochlöffel • buntes Papier • Schnur oder Papierband

Hilfsmittel

Bastelfarbe • Pinsel • Schere • Bastelkleber

So wird's gemacht

1 Male mit Bastelfarbe den oberen Teil des Holzkochlöffels an. Wenn die Farbe getrocknet ist, kannst du mit dem Pinselstiel noch Punkte auftupfen. Wer mag, kann auch den Stiel des Kochlöffels bemalen.

2 Wenn die Farbe getrocknet ist, kannst du die bemalten Kochlöffel mit bunten Papierschnipseln verschönern. Zum Schluss bindest du noch eine Schleife um den Stiel. Die fertigen Kochlöffel-Ostereier kannst du in einen großen Blumentopf stecken.

Variante

Wenn du möchtest, kannst du einen Holzkochlöffel auch in einen Osterhasen verwandeln: Male dafür den Kochlöffel mit brauner Bastelfarbe an und zeichne – wenn die Farbe getrocknet ist – ein Gesicht auf. Schneide aus buntem Ton- und Motivpapier Osterhasenohren zu und befestige sie am Kochlöffel. Zuletzt ergänzt du noch eine Schleife.

Blumentopfduo

Psssssst. Heute gestalten wir Mamas Blumentöpfe zu einer tollen Osterdekoration um. Darf ich vorstellen: Ein niedlicher Stupsnasen-Osterhase und ein pfiffiges Osterküken. Die beiden verschönern ganz bestimmt den Frühstückstisch am Ostermorgen.

Das brauchen wir

zwei Blumentöpfe • buntes Ton- und Motivpapier • Federn • große Holzperle

Hilfsmittel

Schere • Bastelkleber • dünner, schwarzer Stift

So wird's gemacht

Osterhase

1 Schneide aus braunem Tonpapier zwei Osterhasenohren aus. Knicke den unteren Rand der beiden Ohren um und gib etwas Bastelkleber darauf. Die Ohren bringst du oben auf dem umgedrehten Blumentopf an.

2 Nimm buntes Ton- oder Motivpapier und schneide eine Stupsnase aus. Klebe sie auf und zeichne ein nettes Osterhasengesicht auf den Topf.

3 Zum Schluss schneidest du bunte Ostereier aus Ton- und Motivpapier aus und klebst sie an den unteren Rand des Blumentopfes.

Küken

1 Nimm eine große Holzperle, gib etwas Bastelkleber in das Loch, drück einige Federn hinein und klebe die Holzperle oben auf den Blumentopf. Schneide aus buntem Tonpapier einen dreieckigen Schnabel aus und klebe ihn auf. Zeichne noch Augen auf das Kükengesicht.

2 Damit das Küken in einer Blumenwiese sitzen kann, schneidest du einen längeren grünen Tonpapierstreifen zu. Auf einer Seite dieses Streifens schneidest du dicht nebeneinander mit der Schere in das Papier, sodass schmale Gras- oder Blumenstiele entstehen. Ergänze noch kleine farbige Papierpunkte als Blumenköpfe. Klebe den Streifen am unteren Topfrand fest.

Weitere Ideen

- **Ostereiersuche:** Natürlich kann man die Blumentöpfchen auch verwenden, um darunter die Osterüberraschungen zu verstecken. Wer findet wohl am schnellsten im hohen Gras seinen Osterhasen oder sein Küken?
- **Osternest:** Den Hasen und das Küken jeweils aus einem Blumentopf basteln, der nicht umgedreht wird. Danach die Töpfe mit leckeren Ostereiern füllen.

Schwimmbadkerlchen

Achtung, jetzt wird es nass! Auch wenn dieses Schwimmbadkerlchen ganz harmlos aussieht, ist es doch ziemlich frech. Dieses Kerlchen kann nämlich nur eines gut: Wasser spucken! Und das macht es den ganzen Tag lang ...

Das brauchen wir

leere Sprühflasche • Wackelaugen • Wasser zum Füllen

Hilfsmittel

Bastelkleber • Bastelfarbe • Pinsel

So wird's gemacht

1 Klebe je ein Wackelauge auf die rechte und auf die linke Seite des Sprühkopfes.

2 Bemale nun das Schwimmbadkerlchen kunterbunt mit Bastelfarbe: Beginne am besten mit dem Bauch, der in diesem Beispiel mit blauer Farbe bestrichen wird. Lass die Farbe gut trocknen.

3 Wenn du magst, kannst du nun noch gelbe Punkte auftupfen: Dreh den Pinsel am besten um und verwende die Spitze des Holzstieles. Du kannst auch noch grüne und rote Punkte auftupfen. Lass die Farbe wieder gut trocknen und bemale dann noch die übrigen Flächen nach deinen Vorstellungen.

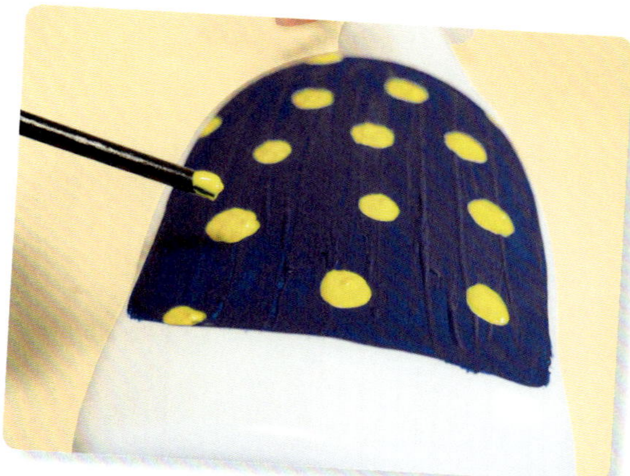

4 Sobald die Farbe getrocknet ist, füllst du Wasser in die Flasche und setzt den Sprühkopf auf. Nun kann der Spaß losgehen!

Spiel-Ideen

- **Tischtennisballrennen:** In einem Spielfeld eine Start- und eine Ziellinie markieren. Jeder Mitspieler hält einen Tischtennisball und sein „vollgetanktes" Schwimmbadkerlchen in der Hand. Alle Tischtennisbälle auf eine Startlinie legen. Bei „Los" müssen die Schwimmbadkerlchen auf die Tischtennisbälle „spucken", sodass diese in Bewegung kommen. Welches von ihnen spuckt am besten und befördert seinen Tischtennisball am schnellsten ins Ziel?
- **Spuckstaffel:** In einem Spielfeld eine Start- und eine Ziellinie markieren. Die Kinder in verschiedene Gruppen einteilen. Jede Gruppe bekommt ein gleich großes Gefäß und ein Schwimmbadkerlchen. Anschließend alle Gefäße auf der Ziellinie aufstellen. Alle Gruppenmitglieder, die der gleichen Gruppe angehören, stellen sich bei der Startlinie hintereinander auf. Das Kind, das jeweils ganz vorne an der Startlinie steht, hält das Schwimmbadkerlchen in der Hand. Bei „Los" müssen alle diese Kinder zum Gefäß ihrer Gruppe laufen und dürfen dreimal „reinspucken". Danach müssen sie schnell wieder zurück zur Gruppe laufen und das Schwimmbadkerlchen dem nächsten Kind übergeben. Welche Gruppe schafft es als erste, ihr Gefäß zu füllen?
- **Abkühlung:** Die wasserspuckenden Schwimmbadkerlchen freuen sich auf eine hitzige Wasserschlacht im Schwimmbad!

Brieffrosch

Im Sommer bekommst du wahrscheinlich oft Post: eine Urlaubskarte von der Nachbarsfamilie, einen lustigen Brief vom Kindergarten oder vielleicht eine Geburtstagseinladung von einem Freund. Damit die Post nicht einfach so aus heiterem Himmel verschwindet, klammerst du sie am besten gleich an den Brieffrosch. Der Brieffrosch macht für dich gerne den Mund ganz weit auf und passt auf alles Wichtige verlässlich auf ...

Das brauchen wir

Pappteller • festen Karton • rotes und grünes Tonpapier • weißes Papier • Wäscheklammer • Schnur

Hilfsmittel

grüne und gelbe Bastelfarbe • Pinsel • Schere • Bastelkleber • roten Buntstift • schwarzer, dünner Stift

So wird's gemacht

1 Schneide aus dem festen Karton einen Halbkreis (= Froschmund) aus; er sollte etwas kleiner als die Hälfte des Papptellers (Froschkopf) sein. Male den Halbkreis und den Pappteller mit grüner Bastelfarbe an. Lass die Farbe trocknen und tupfe mit dem Pinselstiel gelbe Punkte auf.

2 Male auf dem weißen Papier Augen auf, schneide sie aus und klebe sie auf den Pappteller-Kopf. Mit einem roten Buntstift malst du noch zwei rote Backen auf.

3 Schneide aus dem roten Tonpapier eine längliche Zunge aus und klebe sie so auf die Rückseite des Halbkreises, dass sie von vorne noch gut sichtbar ist. Klebe ebenfalls eine Wäscheklammer (Achtung: Öffnung nach unten) auf die Rückseite des Halbkreises.

4 Befestige dann den Halbkreis (Froschmund) auf dem Pappteller. Zeichne ein paar Froschbeine auf grünes Tonpapier, schneide sie aus und klebe sie hinter den Pappteller. Wenn du möchtest, kannst du auch die Beine mit gelben Punkten versehen. Zum Schluss ein Stück Schnur als Aufhängung an dem Frosch anbringen.

Idee (Kindergarten)

Informationsüberbringer: Im Kindergarten fertigt jedes Kind einen Brieffrosch an und hängt ihn in der Garderobe an seinen Platz. Informationen für die Eltern (z.B. Einladungen, Hinweise zu besonderen Tagen), werden dann immer den Fröschen in den Mund gesteckt.

Blumenstecker

Bienen sind sehr nützliche und fleißige Insekten. Sie bestäuben Blumen und machen leckeren Honig. Da Bienen in der freien Natur leben und es lieben, summend über kunterbunte Blumenwiesen zu fliegen, haben unsere Wohnungspflanzen oft noch keine Bekanntschaft mit Bienen machen können. Mit unserem Bienchen werden sie bestimmt Freundschaft schließen.

Das brauchen wir

festen Karton • schwarze und gelbe Pfeifenreiniger • blaues Tonpapier • Wackelaugen • farbige Holzperlen • dünner Holzstab (Schaschlikspieß)

Hilfsmittel

Schere • Bastelkleber

So wird's gemacht

1 Schneide aus dem festem Karton eine eiförmige Form aus. Bestreiche diese mit Bastelkleber. Nimm einen schwarzen Pfeifenreiniger und wickle ihn um die Kartonform; gut festdrücken.

2 Umwickle den Karton abwechselnd mit gelben und schwarzen Pfeifenreinigern, sodass das typische gelb-schwarze Streifenmuster einer Biene entsteht. In den fertigen Körper steckst du oben noch zwei gelbe, kurze Pfeifenreinigerstücke als Fühler und klebst jeweils oben eine schwarze Perle fest.

3 Jetzt schneidest du aus blauem Tonpapier Bienenflügel zu und klebst sie unter den Körper. Ergänze Wackelaugen und eine rote Perle als Nase. Befestige nun einen dünnen Holzstab auf der Rückseite des Blumensteckers. Den Holzstab kannst du noch mit farbigen Perlen verzieren.

Idee (Kindergarten)

Fleißige-Bienchen-Medaille: Wer schon mehrere Male besonders fleißig beim Aufräumen geholfen hat, erhält eine Fleißige-Bienchen-Medaille: Das Bienchen – wie oben beschrieben – anfertigen und eine Schnur zum Umhängen anbringen. Werden bei so einem tollen Preis nicht alle Kinder so fleißig wie die Bienen?

Pustebaum

Sobald der Herbst ins Land zieht, verfärben sich die Blätter der Laubbäume und leuchten in den schönsten Farben. Kurz vor dem Winter fallen die Blätter ab. Während der kalten Winterzeit steht dem Baum zu wenig Wasser zur Verfügung, um die Blätter ausreichend damit zu versorgen. Hoffen wir mal, dass unser Wasserfarben-Pustebaum seine bunte Baumkrone nicht verliert und uns so das ganze Jahr über an die wunderschönen Herbstfarben erinnert.

Das brauchen wir

ein großes, weißes Blatt Papier • ein großes Stück braunes Tonpapier • kleine Ästchen

Hilfsmittel

Wasserfarben (gelb, grün, rot, orange, braun) • Pinsel • Strohhalm • Bastelkleber

So wird's gemacht

1 Tauche den Pinsel kurz ins Wasser und rühre damit in der Wasserfarbe deiner Wahl, bis diese flüssig wird. Nimm etwas flüssige Farbe mit dem Pinsel auf und klecks im oberen Bereich des Blattes einige Tropfen auf das weiße Blatt Papier. Mit dem Strohhalm pustest du dann vorsichtig auf die flüssige Farbe, sodass diese in verschiedene Richtungen fließt.

2 Verwende auch andere Farbkleckse und verpuste sie so, dass eine wunderschöne Baumkrone entsteht. Nun lässt du alles gut trocknen.

3 Klebe das dickste Ästchen als Baumstamm auf das Bild. Die dünneren Ästchen befestigst du als Äste in der Baumkrone. Zum Schluss klebst du deinen Herbstbaum auf ein etwas größeres, farbiges Stück Tonpapier, damit das Bild einen Rand erhält.

Variante

Drachen: Mit der Wasserfarben-Pustetechnik kannst du auch ganz einfach einen wunderschönen Drachen basteln. Dafür auf einem weißen Blatt Papier kunterbunte Wasserfarbenkleckse verpusten, trocknen lassen und daraus einen Drachen ausschneiden. Ein Gesicht gestalten und den Drachen auf farbiges Tonpapier kleben. Die Drachenschnur aus kleinen, dreieckigen Papierschnipseln anfertigen.

Kürbiskopflicht

Zu Halloween folgen viele Menschen dem Brauch, aus Kürbissen gruselige Fratzen zu schnitzen, die die Geister vertreiben sollen. Dieser Kürbiskopf ist schnell gemacht und leuchtet ganz schön schaurig. Ob sich ein Gespenst wohl auch bei unserem Papierkürbis erschrecken würde?

Das brauchen wir

orangefarbenes und grünes Tonpapier • farbiges Transparentpapier • leeres Marmeladenglas • Teelicht (oder LED-Licht)

Hilfsmittel

Bleistift • Schere • Prickelnadel • weiche Unterlage • Bastelkleber • Klebestreifen

So wird's gemacht

1 Zeichne zwei gleich große Kürbisse auf das orangefarbene Tonpapier und schneide die Formen aus. Den beiden Kürbissen malst du ein schauriges Gesicht auf und stichst die einzelnen Formen mit der Prickelnadel aus; hierfür eine weiche Unterlage verwenden.

2 Nun drehst du beide Kürbisse um und überklebst die Ausschnitte mit Transparentpapier. Aus grünem Tonpapier schneidest du zwei Stiele aus und klebst sie an den oberen Rand der Kürbisse.

3 Klebe nun die beiden Papierkürbisse mit Klebestreifen an den Rändern zusammen, die Rückseiten liegen dabei im Inneren. Danach kannst du ein leeres Marmeladenglas zwischen die beiden Hälften stellen, ein Teelicht anzünden und in das Glas setzen (oder ein LED-Licht in das Glas legen). Der Kürbis leuchtet besonders schön im Dunkeln.

Variante

Papierkürbisse als schaurige Dekoration an einem Fenster anbringen und von hinten mit einer Tischlampe (mit LED-Licht) beleuchten.

Tipp

LED-Licht wird nicht so warm wie das Licht von normalen Glühbirnen. Deshalb eignet es sich besonders gut zur Beleuchtung.

Sankt-Martinspferd

Wer hat Lust, als Sankt Martin verkleidet durch die bitterkalte Stadt zu reiten und seinen warmen Mantel mit einem frierenden Bettler zu teilen? Huuuih. Huuiiiih. Huuuuih. Das Pferd scheint schon startklar zu sein ...

Das brauchen wir

leere Milchtüte mit Schraubverschluss • Schnur • braunes Packpapier • Wackelaugen • Holzperlen • Holzstock

Hilfsmittel

braune und weiße Bastelfarbe • Pinsel • Schere • Bastelkleber

So wird's gemacht

1 Male die Milchtüte mit brauner Bastelfarbe an; so entsteht der Pferdekopf. Wenn du die Schnauze etwas heller haben möchtest, mischt du einfach etwas weiße Bastelfarbe darunter.

2 Schneide aus braunem Papier die Ohren aus und befestige sie – zusammen mit den Wackelaugen – an dem Kopf. Schneide von der Schnur einige gleichgroße Stücke ab; diese klebst du als strubbelige Pferdemähne auf die Milchtüte. Für das Zaumzeug und die Zügel verwendest du ebenfalls Schnurstücke; befestige sie mit etwas Klebstoff. Du kannst das Zaumzeug noch mit Holzperlen verzieren.

3 Drehe nun die Milchtüte um. Schraube sie auf, gib wenig Bastelkleber an den Rand des Verschlusses und stecke den Holzstock etwas hinein. Den Klebstoff gut trocknen lassen. Jetzt ist das Pferd bereit, mit dem heiligen Sankt Martin durch die Welt zu reiten und den Menschen zu helfen.

Geschichte vom heiligen Sankt Martin

Es war ein kalter Herbsttag. Martin, ein Soldat, ritt auf seinem Pferd durch die Stadt. Plötzlich sah er einen Bettler, der am Boden hockte und um Hilfe bat. Alle Menschen gingen vorbei. Martin aber hielt mit seinem Pferd an und teilte mit seinem Schwert seinen warmen, roten Mantel in zwei Stücke. Eine Hälfte gab er dem Bettler und die andere warf er sich um die Schulter. Nach diesem Ereignis beschloss Martin, nicht mehr Soldat zu sein. Er wollte den Menschen Gutes tun und entschied sich, Bischof zu werden. Da Martin viele wundersame Taten vollbrachte, feiern wir auch heute noch am 11. November das Fest des Sankt Martin.

Schneebäume

Im Winter sind Bäume oft in eine dicke Schneedecke gehüllt. Der Schnee auf den Bäumen schimmert und funkelt an manchen Tagen magisch. Auch auf unseren Schneebäumen haben es sich einige Flocken gemütlich gemacht; diese Flocken werden in warmen Wohnungen bestimmt nicht schmelzen.

Das brauchen wir

grünes Tonpapier • Wellpappe • Watte • Goldsternchen und Glitter

Hilfsmittel

Bleistift • Schere • Bastelkleber

So wird's gemacht

1 Schneide aus grünem Tonpapier einige Kreise in verschiedenen Größen aus; als Schablone kannst du kleine, runde Deckel oder Schälchen verwenden. Oder du bittest einen Erwachsenen, mit dem Zirkel Kreise aufzuzeichnen.

2 Den größten Papierkreis bestreichst du mit Bastelkleber. Lass dabei außen einen schmalen Rand frei von Klebstoff. Zupfe von der Watte kleine Bällchen ab und rolle sie kurz in den Händen, sodass sie rund werden. Lege die weißen Bällchen auf den Klebstoff. Mach auf diese Weise weiter, bis die ganze Fläche mit Watte bedeckt ist.

3 Bestreiche nun den zweitgrößten Kreis auf der Unterseite mit etwas Kleber und lege ihn auf den vorher bearbeiteten Kreis. Drück alles gut fest. Nun bestreichst du die Oberseite mit Klebstoff und bedeckst sie mit Wattebällchen. Jetzt fährst du mit dem nächstkleineren Kreis fort. Auf diese Weise entsteht Schritt für Schritt eine Baumkrone.

4 Auf die Spitze klebst du ein rundes Watteböllchen. Verziere den Baum noch mit kleinen Sternen und Glitter. Für den Stamm rollst du einen Streifen Wellpappe zusammen und befestigst ihn unter die Baumkrone.

Varianten

- **Bäume mit andersfarbigen Kreisen:** Du kannst auch die Kreise aus verschiedenfarbigen Papieren ausschneiden. In diesem Beispiel ist der größte Kreis aus weißem Papier, erst dann folgen grüne Kreise. Dieser Baum wirkt etwas heller als der Baum mit den grünen Kreisen.
- **Fantasiebäume:** Jedes Kind darf sich einen Baumstamm (z.B. Korken, Klopapierrolle, Dose, kleiner Holzklotz) aussuchen. Aus verschiedenen Materialien gestalten die Kinder eine Baumkrone. Die fertigen Fantasiebäume auf einen festen Karton kleben, so entsteht ein Wunderwald. Die Kinder können sich anschließend magische Wesen ausdenken, die ihren Wunderwald bewohnen und Tolles erleben.

Engelchen

Engelchen verleihen unseren Räumen im Handumdrehen eine weihnachtliche Atmosphäre. Die Kaffeefilter-Engelchen machen sich super als Weihnachtsbaumschmuck, als Fensterdekoration oder einfach als Tischdekoration. Ihr könnt sie aber auch gerne verschenken – an liebe Menschen!

Das brauchen wir

braune Papierkaffeefilter • hautfarbenes Tonpapier • eine Buchseite mit Schrift • kleine Nudeln • einen Streifen festen Karton • Schnur

Hilfsmittel

Bastelkleber • Schere • schwarzer, dünner Stift • roten Buntstift • Spitzer

So wird's gemacht

1 Schneide aus dem hautfarbenen Tonpapier einen Kreis aus. Zeichne mit dem schwarzen Stift ein Gesicht auf und klebe die Nudeln als Haare an den oberen Rand. Spitze den roten Buntstift etwas an. Verreibe das so erhaltene Farbpulver auf dem Gesicht des Engelchens, sodass es schöne rote Wangen bekommt.

2 Falte den rechten und den linken Rand des Kaffeefilters nach innen und klebe ihn jeweils fest. Zeichne auf die Buchseite Flügel auf und schneide sie aus. Klebe die Flügel hinter den Kaffeefilter.

3 Klebe auf die Rückseite der Flügel einen Streifen festen Karton. Dieser sollte etwa 2 cm über den Rand hinausgehen. Auf diesen Abschnitt nun das Köpfchen kleben. Zum Schluss an der Rückseite noch ein Stück Schnur als Aufhängung anbringen. Wer die Engelchen aufstellen mag, kann den Kaffeefilter einfach unten öffnen und über ein kleines Glasfläschchen stülpen.

Weitere Ideen

- **Adventskalender im Kindergarten:** Einen Blumentopf mit Sand füllen und einen Tannenzweig einstecken. Jeden Tag im Morgenkreis darf ein Kind sein Engelchen auf den Zweig hängen. Die Kinder können so beobachten, dass jeden Tag mehr Engelchen an dem Zweig hängen. Am 24. Dezember, wenn alle Engelchen aufgehängt sind, ist Weihnachten.
- **Geschenkverpackung:** Kaffeefilter sind ideale Verpackungen für kleine Geschenke. Der Kaffeefilter bunt gestalten, mit dem Locher einige Löcher in den oberen Rand stanzen, ein Geschenk einlegen und eine Schnur durch die Löcher ziehen. Das Ende der Schnur mit einer Perle verzieren.

Weihnachtsmann

Wusstet ihr, dass man aus einer Milchtüte ganz einfach einen Weihnachtsmann zaubern kann? Ein bisschen rote Farbe, ein paar Wattebällchen für den Bart, einige kleine Handgriffe und schon habt ihr eine tolle Weihnachtsdekoration.

Das brauchen wir

leere Milchtüte • Watte • weißes und hautfarbenes Papier • Knöpfe

Hilfsmittel

Schere • rote Bastelfarbe • schwarzer, dünner Stift • roten Buntstift • Bastelkleber • Klebestreifen

So wird's gemacht

1 Schneide aus dem hautfarbenem Papier einen Halbkreis als Gesicht aus und male ein liebes Weihnachtsmanngesicht auf. Aus weißem Papier schneidest du einen dünnen Streifen zu.

2 Verschließe die leere Milchtüte am oberen Rand mit Klebestreifen und male sie mit roter Bastelfarbe an. Lass die Farbe gut trocknen und male eventuell nochmals darüber. Befestige das Gesicht und den weißen Papierstreifen. Nun erhält der Weihnachtsmann noch einen schönen Bart: Forme aus Watte kleine Bällchen und klebe sie um das Gesicht herum. Ein Wattebällchen kannst du auch als Mützenbommel auf die obere Kante kleben.

3 Zum Schluss bringst du mit etwas Kleber noch einige Knöpfe am Weihnachtsmantel an.

Varianten

- **Weihnachtsrassel:** Bevor du die Milchtüte zuklebst, legst du einige Glöckchen hinein. Wer weiß, vielleicht klingelt es ja zufällig am Weihnachtsabend, sobald jemand euer Haus verlässt?
- **Nussfüllung:** Nach dem Bemalen der Milchtüte auf der Rückseite vorsichtig ein Rechteck ausschneiden. Durch diese Öffnung kannst du beispielsweise Nüsse einfüllen und den Weihnachtsmann verschenken.

Impressum

Fotos: Judith Watschinger
Coverabbildungen:
oben links: © SENTELLO/Fotolia.com
oben rechts: © Robert Kneschke/Fotolia.com
Gesamtgestaltung und Satz: GrafikwerkFreiburg
Reproduktionen: RTK & SRS mediagroup GmbH
Druck & Verarbeitung: Neografia, Slowakei

ISBN 978-3-8388-3615-7
Art.-Nr. 3615

Kreativ-Service

Sie haben Fragen zu den Büchern und Materialien? Frau Erika Noll ist für Sie da und berät Sie rund um alle Kreativthemen. Rufen Sie an! Wir interessieren uns auch für Ihre eigenen Ideen und Anregungen. Sie erreichen Frau Noll per E-Mail: **mail@kreativ-service.info** oder Tel.: **+49 (0) 5052 / 91 18 58**

Besuchen Sie uns im Internet: www.christophorus-verlag.de